심리적 거리 두기의 힘

기분과 감정을 선택하는

심리적 거리 두기의 힘

유한나 지음

. . . .

끊임없이 생각에 휘말리는 **생각중독** 인간을 위해서

izi 이지퍼블리싱

우리에게 필요한 것은 차단-심리적 거리 두기다

세상은 때론 내가 원하지 않고, 듣고 싶지 않고, 보고 싶지 않아도 되는 것으로 가득하다. 월요병은 이제 일상이 됐고, 많은 이가 피로를 가득 느끼며 살아간다. 일명 프로 귀찮러들 역시 늘어나는 추세다. 집순이, 집콕 현상이 많아지는 이유이기도 하다. 세상과 사람들로부터 단절하고 나만의 시간을 가지려는 이들도 많다. 더불어 코로나19가 1년 넘게 지속되면서 사회적 거리를 두고 살아가는 것은 이제 하나의 문화가 됐다. 사람과 사람 간의 물리적·심리적 거리 역시 점점 멀어지면서 무언가 모를 방어벽이 우리 사회 가운데 존재한다.

이럴 때 우리에게 필요한 것은 무엇일까? 바로 '차단' 즉, 심리적 거리 두기다. 나는 그것을 차단-심리적 거리 두기의 힘이라 말한다. 사전적 의미로 차단은 부정적으로 인식될 수 있다. 영어로 'block'인 차단은, 다른 것에 대한 접촉이나 관계를 막거나 끊는 것

4

을 의미한다. 오프(OFF) 상태를 가리키는 차단은 마인드 컨트롤과는 다르게 좀 더 단호하게 꺼버리는 개념이 강하다. 그러나 이 책에서 말하는 차단은 block보다는 유연한 속성을 갖고 있다. 완전한 단절이나 방어벽을 뜻하는 것이 아닌 잠시 내려놓는 꺼버림의 속성과 더 가깝다.

차단-심리적 거리 두기를 한다고 해서 하루아침에 드라마틱하게 모든 상황과 관계가 변하지 않을 수 있다. 그러나 서서히 그 변화를 느낄 수 있을 것이다. 우리는 바로 새로운 삶을 위한 차단의 법칙과 힘에 대해 알아볼 것이니 자신감을 가지며 이 책을 읽어도 좋다.

먼저 차단-심리적 거리 두기의 쉬운 예를 들여다보자. 우리는 꺼진 등을 새로 갈기 위해 누전기를 먼저 차단해야 한다. 그렇지 않고 등을 갈아 끼우다 자칫하면 감전될 수도 있기 때문이다. 더 밝고 환한 등으로 갈기 위해서는 먼저 차단을 해야 한다.

또 다른 예로는 사랑을 들 수 있다. 새로운 사랑을 하는 사람이라면 이별한 전 연인과의 완전한 작별이 필요하다. 약간의 미련이나 집착도 새로운 사람과 온전한 사랑을 어렵게 한다. 여기서 오프 작용이 필요하다.

내 경우 부부 갈등을 겪으면서 처음엔 어떻게 해야 할지 혼란 가운데 있었다. 이 힘든 과정 속에서 내가 발견한 것은 부정적인 시그널이 나를 점점 더 옭아매고 있다는 것이었다. 그래서 그와 관련된 모든 것을 차단하는 일이 우선이었다. 건강한 삶으로 돌아가고 싶어도 그와의 건강하지 못했던 관계들을 끊어내지 못해 혼란에 빠지는 경험을 했다. 나는 매일 같이 자동으로 떠오르는 것들을 차단하는 연습과 사고의 오류들을 찾으려 했다. 그 결과 철저한 차단을 통해 생각의 질서와 감정의 완만한 길이 만들어질 수 있었다. 철저한 차단-심리적 거리 두기는 절제를 필요로 한다.

진정한 절제는 몸과 마음 모두를 컨트롤 하며 고난의 터널을 지나는 것과 같다. 나는 가장 친밀하고 의지했던 남편을 통해서 천국과 지옥 두 길을 경험했다. 천국은 타인을 이해하고 나다운 삶을 사는 길이었고 지옥은 터널을 통과하기 위해 거쳐야 하는 인내의 과정들이었다. 괴로운 경험들과 떠오르는 언어들로부터 차단을 하고 싶었지만 처음부터 쉽지는 않았다. 그래서 나는 그와 연상되는 모든 것들로부터 나를 분리하기 시작했다. 그에 대한 생각을 절제하며 차단하기를 연습했다. 마치 죽음을 연습하는 것과 같았다.

정리하자면, 이 책에서 말하는 '차단하기'는 영어로 '마인드 오프(MIND-OFF)'를 가리킨다. 마음을 잠시 내려놓는, 꺼놓는 상태를 가리킨다. 진정한 몰입을 위해서는 깊은 차단의 힘이 필요하다. 우리에게 득이 되는 차단은 우리를 더욱 넓고 새로운 세계로 가도록 만들어준다. 차단을 하지 않은 채 너무나 많은 마음의 문들을 열어두면 영적으로 상처받을 수도 있다. 그렇기 때문에 철저히 불필요한 것들에 대해서는 차단하는 훈련이 필요하다.

간단한 예로 다이어트를 하기 위해서 먹어야 할 음식과 먹지 말아야 할 음식을 구분하듯이 아닌 것에 대해서 NO라고 할 줄 알아야 한다. 마인드 오프(MIND-OFF) 원리는 이러하다. 동작, 생각 중지라고 외쳤을 때 잠시 전원을 차단하고 꺼버리는 것이다. 그리고 몰입의 과정으로 들어가는 것이다. 중요한 것은 상황에 따라 이 스위치를 껐다(OFF), 켰다(ON) 할 수 있어야 한다.

물론 이러한 행위는 신이 아니고서야 쉽게 할 수 있는 일이 아니다. 그러나 한편으로 이것을 연습하고 일상에서 잘 활용만 한다면 내 마음과 생각을 컨트롤 하는 것 이상으로 통제할 수 있게 될 것이다. 통제 당하지 않으려면 마인드 오프 지도를 당신의 마음속에 그려 넣어라. 그러면 ON, OFF에 의해 스스로의 마음을 통제할 수 있을 것이다. 스위치를 조정할 수 있는 손가락은 자신한테 달려 있다는 사실을 명심해야 한다.

그럼에도 차단하는 것이 어렵다면 어떻게 해야 할까? 여전히 과거의 안 좋았던 불의의 사고나 혹은 이별한 연인이 떠올라 일상생활에 지장을 준다면 어떻게 해야 할까? 악몽 같은 사건들이 계속 내 생각과 마음에 꼬리를 물고 나타난다면 어떠한 방법을 사용해야 할까?

만약 당신이 정말 이러한 상황에 처해 있다면, 한 번의 마인드 컨트롤만으로는 힘들 것이다. 우리가 마인드 오프를 연습하고 또 연습해야만 하는 이유가 바로 여기에 숨겨져 있다. 그래야만 행복한 삶을 살 수 있고 궁극적으로 나 자신을 찾는 몰입의 단계에 도달할 수 있다.

여기서 우리는 마인드 오프라는 개념이 단순히 꺼버리고 일시 중지하는 것을 떠나 최종 목적인 몰입으로 가는 과정이라는 것을 알 수 있다. 그렇게 마음의 근력 운동을 통해 몰입의 세계로 들어간다.

몰입이 인생을 바꾼다

스티브 잡스는 어떻게 애플이란 혁신을 만들어냈을까? 그것은 바로 관찰과 몰입이 있었기에 가능했다. 스티븐 호킹 역시 연구에 대한 몰입으로 절망스러운 상황을 이겨냈다. 몰입은 모든 에너지와 정신을 쏟는 것을 통해 무아지경 상태에 이르는 것이다. 긍정적 몰입은 좋은 에너지의 파장을 몰고 온다. 몰입은 한마디로 온 에너지를 한 공간에 집결시키는 과정이자 결과다.

또한 몰입은 나를 나답게 살게 하는 원동력을 부어준다. 무언가에 집중하고 몰입하는 과정을 통해 참된 자유와 기쁨을 누리게 된다. 그러나 이런 몰입을 이루기 위해서는 먼저 차단의 힘이 발휘되어야 한다. 차단 없이는 몰입이 따라올 수 없고 진정한 몰입 에너지를 발산시킬 수 없다. 때문에 부정적인 에너지를 차단해야 한다. 그 힘을 연습하고 키워야 한다. 그래야만 몰입이 주는 기쁨과 안정을 제대로 누릴 수 있다.

그렇다면 대체 몰입과 차단의 실체는 무엇일까? 앞으로 계속해서 몰입과 차단을 서로 비교하고 둘이 상생할 수 있는 솔루션을 제시할 것이다. 그리고 혁신적이며 창조적인 삶을 살 수 있도록 도울 것이다.

몰입은 간단히 말해 무언가에 흠뻑 빠져 집중하는 상태를 가리킨다. 몰입에는 좋은 몰입과 나쁜 몰입 두 가지로 나뉜다. 우리는 여기서 보다 더 긍정적이고 선한 몰입에 대해 포커스를 맞출 테지만, 나쁜 몰입으로 가지 않기 위한 제어장치 또한 배워볼 것이다.

운동선수들은 주어진 단 몇 초, 몇 분의 경기를 위해 몇 년 동안 훈련받고 자기 관리를 한다. 그 짧은 시간에 팀의 실력을 보여주고 결승을 위한 도전이 시작된다. 이때 바로 집중(Focus-on)이 발휘된다. 양궁 선수들은 과녁을 적중하기 위해 과녁 점에 집중한다. 야구 선수들은 홈런을 치기 위해, 골프 선수들은 홀인원을 치기 위해 정신과 마음, 육체를 순간순간 다스린다. 그 순간 정신과 마음, 육체 세 요소가 하나가 된다. 정신은 생각과 연결되고 마음은 뇌와 연결된다. 신체는 정신과 마음이 온전할 때 집중할 수 있는 상태로 변한다.

집중, 즉 몰입은 우리를 가장 편안한 상태로 만든다. 우리 몸의 자율신경계를 보면 교감 신경이 발달했을 때 신경이 활성화되지만 부교감 신경은 반대로 신경이 풀어지면서 차분한 상태로 가게 한다.

다시 강조하자면 몰입은 우리의 자아를 극도로 최상의 상태까지 끌어주는 역할을 한다. 나와의 진정한 만남의 경지까지 이끌어준다. 즐겁고 긍정적인 몰입은 우리의 마인드를 변화시킨다. 에너지를 솟아나게 하고 뇌의 회전 또한 잘 이뤄지게 도와준다. 의식적으로 올바른 판단에 따라 행동할 수 있는 힘을 갖도록 도와준다.

원하는 것이 있는가? 얻고 싶은 게 있는가? 지금 바로 '시그널-차단-몰입'의 계단을 밟을 때다.

1장

잠시 마음을 꺼두어도 좋습니다

심리적 거리 두기

거리란 일정한 시간 동안 이동하는 공간적 간격을 뜻한다. 또한 물건이나 장소 등 공간적으로 떨어진 길이다. 코로나19로 모두가 팬데믹 상태에 들어간 후, 우리에게 '거리'라는 개념은 매우 민감해졌고 그 가치 역시 더욱 소중해졌다.

소통의 형태가 변했으며 수단 또한 많이 바뀌었다. 물리적 거리를 두니 자연스레 심리적으로 거리를 두게 되었다. 평상시 비접촉은 이제 필수가 되었기에 삶이 조심스러워졌다. 한편으로 코로나 블루가 생겨날 만큼 모두가 많이 지친 상태다. 그러나 생각의 관점을 바꿔보면 언컨택트가 일상이 된 다소 불편한 상황에서 벌어진 이 문화의 흐름은 우리에게 유익한 측면을 생각할 여지를 준다.

앞서 언급한 물리적 거리는 심리적 공간을 제공한다. 심리적 공간은 잠시 멈추어 생각하고 숨 쉴 수 있는 능력을 만들어준다. 그러니 나 자신을 다시 살펴볼 수 있는 최적의 기회일지도 모른다. 거리 두기는 곧 나 자신을 위한 일이다.

결론부터 말하면 부정적인 시그널을 차단하기 위해서 필요에 의한 '거리 두기'가 필요하다. 거리 두기의 적절한 개념은 상대와 나 사이에 거리를 만드는 것을 말한다. 건강한 소통 관계를 유지하기 위해 간격을 두는 것은 매우 필요하다. 안전한 방어벽으로부터 상대가 함부로 침범할 수 없는 나만의 경계를 만들어 스스로 다치지 않게 만드는 것이다.

거리를 두었을 때 무엇이 유익한가? 우선 지긋지긋한 부정적 생각과 우울로부터 감정을 차단할 수 있다. 나를 위한 것뿐 아니라, 적절한 간격으로 상대를 더 잘 이해할 수 있고 배려할 수 있다. 거리 두기로 상대를 더욱 객관적으로 볼 수 있기 때문이다. 또한 보지 못했던 것을 다시 볼 수 있게 된다.

무엇보다 부정적 시그널에서 오는 불빛을 차단할 수 있다.

거리를 두면 상처가 치유된다

거리를 두면 자신의 생각과 마음을 관찰할 수 있다. 좀 더 천천히 마음과 생각에 거리를 두면 시간이 흘러 어느 순간 믿음의 깊은 상처까지 치유돼가는 것을 깨닫게 된다. 우리가 원하는 것은 행복이다. 행복의 길에 서 있는 나 자신을 만나는 것이다.

치유를 위해서는 쉼이 필요하다. 상처를 입었을 때, 모든 감각은 긴장 상태가 된다. 때문에 나만의 안식처를 찾기란 쉽지 않다. 그럼에도 치유의 시간을 갖겠다는 의지는 매우 중요하다.

개인적으로 나 역시 오랜 기간 상처로부터 심리적 거리를 유지해왔다. 분노, 슬픔, 외로움, 수치감에 대해 거리 두기를 하며 바라보았고 어려한 감정들의 원인을 찾는 연습을 지속했다. 이 과정에서 나는 내가 무엇을 중심에 두고 거리를 유지하느냐에 따라 에너지의 끌림이 달라진다는 것을 깨달았다.

이전에 나는 내 모든 삶의 영역을 남편을 중심으로 뒀다. 그러다 보니 남편의 감정에 따라 내가 이끌려다니기 일쑤였다. 결국, 생각 에너지의 출발지가 남편이었기에 그 감정의 원인을 차단하기로 마음먹었다. 차단을 하고 나니 예전에는 보이지 않던 것이 보이기 시작했다. 가령, 임신 중에 남편과 단 한 번도 병원에 함께 가지 못한 부분들이 나에게 그리고 아이에게 큰 상처인 것을 알게 되었다. 비로소 무엇이 상처였는지 객관적으로 보이기 시작한 것이다. 그리고 이내 감정을 차단하기 시작했다. 그러자 상대에 의해 끌려 다니던 에너지가 더 이상 나를 억압하지 못했다. 마음이 편해지고 긴장된 몸의 근육들이 풀리기 시작했다. 힘들게 붙잡고 있던 문제의 해결권이 자동으로 그에게 넘어갔다. 내 정체성을 잃은 것이 아니라 오히려 독립적인 한 인간으로 정체성이 회복되었다.

심리적 거리두기와 차단의 힘으로 마인드 오프(mind-off)를 하고 나니 물리적·심리적 거리 유지가 쉬워졌다. 안전한 거리는 안정적인 환경을 만들어주었다. 산더미 같던 문제가 이제 나와 상관없어졌고 부부 갈등으로부터 자유로워졌으며 객관적으로 상황을 볼 수 있는 힘이 생겼다. 문제에 빠져 들던 나는 더 이상 상처에 자리를 내어주지 않는 마음의 근육을 만들어갈 수 있게 되었다.

만약 당신이 과거의 나와 같이 관계로부터 힘든 상황에 놓여 있다면 문제의 구렁텅이로부터 빠져나와 스스로를 분리시키기를 바란다. 방법은 오직 하나다. 마인드 오프. 잠시 생각과 마음의 감정을 꺼두는 일이다. 잠시 그 걱정과 짐을 내려놓음으로 나만의 안전한 영역에서 여유와 쉼을 취하는 것이다.

거리 유지는 타인을 위한 배려다

'적절한 거리를 찾아서'란 주제의 《낯익은 타인을 대하는 법》 이란 책이 있다. 이 책의 제목처럼 우리가 타인과 관계를 맺는 방법은 적절한 거리를 찾는 것으로부터 시작된다. 인류학자 에드워드 홀 역시 사람과 사람 사이에는 거리가 필요하다고 강조했다.

그는 가장 이상적인 물리적 거리를 총 네 가지 유형으로 분류했다. 친밀한 거리(50cm 미만), 사적인 거리(50cm~1.2m), 사회적인 거리(2m~3.8m), 공적인 거리(3.8m) 그 이상 유지할수록 좋다고 주장했다. 친한 사이든 사회적 관계든 적당한 거리 유지가 필수라는 의미다. 이런 물리적 거리는 두려움을 막는 방어 역할을 한다. 만약 이 세상에 물리적·심리적 거리가 없다면, 사회는 온통 뒤죽박죽 혼란스러운 상태에 달할 것이다.

그림을 감상할 때 일정한 거리를 두어야 작품을 선명하게 볼 수 있고 부분이 아닌 전체를 볼 수 있듯 거리를 만드는 것은 나와 타인 모두를 위한 선택이다. 코로나19 예방을 위한 사회적 거리가 나만을 위해서가 아닌 모두를 위해 실천해야 할 일이듯, 일정 수준의 심리적 거리두기로 타인에 대한 배려 역시 포함돼 있는 것이다.

사람과 사람, 사람과 상황 사이 간격을 두면 심리적 안정감을 얻게 된다. 심리적 안정감은 타인에 대한 공감 능력을 키워주기 때문에 건강한 인간관계에도 영향을 미친다.

《혼창통: 당신은 이 셋을 가졌는가?》에 따르면, 인류학적 접근의 출발은 관찰로부터 비롯된다고 한다. 관찰은 상대를 더욱 객관적으로 볼 수 있게 하며 상황을 지혜롭게 판단할 수 있는 능력을 준다.

이 책에서 차단-심리적 거리 두기를 몰입 이전 단계로 설정한 이유는 차단을 통해 진정한 몰입이 가능하기 때문이다. 다시 말해 차단은 잠시 멈춤(here and stop)이다. 우리의 몸과 마음, 영혼의 세 가지 요소가 한데 어우러져 해야 할 일에 집중해나가는 것이다. 바로 그 지점에서 자신이 원하는 것을 얻을 수 있다.

1. 당신에게 지금 필요한 거리는 무엇인가?

2. 당신에게 거리란 무엇을 뜻하는가?

3. 지금 당장 또는 미래에 좁히거나 멀게 만들어야 할 거리가
있다면 무엇이 있는가?

4. 거리를 유지함으로써 얻을 수 있는 삶의 유익은 무엇인가?

거절은 나를 단단하게 하는 길

사람은 거절과 배신을 가장 두려워한다. 이는 누구나 느끼는 자연스러운 감정이다. 그러나 분명한 것은 거절이 때론 나를 성숙하게 만드는 매개체가 된다는 것이다. 또한 우리는 거절을 통해 더욱 넓은 세상을 배운다. 관계에 대해서 더욱 깊고 넓게 보는 통찰력을 가질 수 있다.

차단-심리적 거리두기의 두 번째 방법은 겸손하게 거절하는 것이다. 어떤 사람은 거절에 익숙한 반면 어떤 사람은 거절에 취약하다. 즉, 반대되는 입장과 의사를 표현한다는 것은 그리 쉬운 일이 아니다. 요즘같이 정보가 난무한 시대, 원하지 않은 정보에도 노출되는 다소 피곤한 시대에서 우리는 겸손하게 거절하는 방법에 익숙해져야 한다. 거절은 나쁜 것이 아닌 나를 위한 지름길이다. 내 영혼과 마음을 보호하는 길이다. 《나는 왜 싫다는 말을 못 할까》라는 책에서 저자는 거절에 대해 이렇게 설명한다. 거절은 나를 단단하게 하는 길이지 관계를 망치는 일이 아니라고.

우리는 거절을 통해 두 개의 문을 만난다. 하나는 자기 내려놓음이고 하나는 자기성숙이다. 첫 번째 문은 거절을 당했을 때 자신이 버림받았다고 드는 감정이다. 사실 거절은 거절한 그 사람의 문제지 당신의 문제가 아니다. 그럼에도 우리는 우리가 버림받았다고 느낀다. 이는 자연스러운 감정이다. 오히려 억누르는 것보다 '아, 현재 내가 지금 버림받았다는 느낌이 드는구나'라고 수용하는 것이 건강할지도 모른다.

또 다른 문은 자기 성숙이다. 차단을 위해 거절을 하거나 거절을 받으면 인격, 생각, 마음이 성숙한 단계로 거듭나게 된다. 왜냐면 거절을 통해 우리는 문제 해결력을 향상시킬 수 있기 때문이다. 문제를 창의적으로 접근하는 방법은 거절을 통해 가능하다.

거절은 새로운 인생 포트폴리오를 만든다

거절은 새로운 인생을 펼칠 수 있는 절호의 기회다. 인생의 주도권은 내 남편도, 자녀도, 부모도 아닌 나 스스로에게 달려 있다. 거절을 하거나 혹은 거절을 당함으로써 나는 내 새로운 인생을 다시 한번 펼칠 수 있게 된다. 거절당했는가? 감사하자. 당신의 또 다른 멋진 인생을 만들 수 있는 기회가 왔다. 거절했는가? 자책하지 말자. 더 좋은 제안이 당신에게 흘러들어갈 것이다.

차단하기도 힘든 때 거절까지라니, 상황이 힘든 사람한테는 이중고일지 몰라도 나에게 불필요한 것에 대한 거절은 나 스스로 자립하고 앞으로 나갈 수 있는 절호의 기회다.

나 역시 경력 단절로 인해 산후 우울증에 걸리면서 책을 쓰기 시작했다. 만약 산후 우울증이 아니었다면 나는 작가의 길로 입문하지 못했을 것이다. 또한 부부 갈등이라는 과정을 거치지 않았더라면 회사를 창업하기는커녕 작가의 길을 더욱 탄탄하게 만들지도 못했을 것이다. 결국 거절당한 경험이 나를 한층 더 새로운 세계로 나가는 계기를 만들어준 것이다.

《성공하는 사람들의 7가지 습관》에 따르면, 성공하는 사람들은 무언가를 수락할 때도 알지만, 거절할 때도 안다는 것이 공통분모로 나왔다. 항상 YES라고만 말할까? 아니다. 정확히 NO라고 할 줄 아는 결단력도 있다. NO는 우리에게 더 나은 선택과 집중을 가져다준다. NO라고 말할 줄 아는 사람, 분명한 경계를 알고 있는 사람이 더욱 성숙한 YES를 할 수 있다. 더불어 거절은 시간을 절약할 수 있다. 투자 전문가 워렌 버핏은 거절과 시간의 관계에 대해 "시간을 주체적으로 관리해야 합니다. 거절하지 않으면 그렇게 할 수 없죠"라고 말했다. 거절은 나만의 시간을 확보할 수 있게 한다. 그의 말처럼 거절하지 않으면 자기주도적인 시간을 가질 수 없다. 그러므로 우리는 시간이라는 개념 속에서 거절의 훈련을 해야 한다.

거절의 또 다른 말은 겸손이다

아주 역설적인 말 같지만 거절의 또 다른 말은 겸손이다. 다시 말해 거절은 나를 낮추는 것으로부터 출발해야 한다. 내 언어, 태도, 생각을 마치 낮은 자가 되듯이 낮추는 것이다.

2019년 대한민국을 대표하는 축구선수 손흥민 선수에 대한 기사를 보았다. 당시는 2018-19 시즌 유럽 축구연맹 챔피언스리그 결승전이었는데 리버풀에 0 대 2로 패배한 후 토트넘의 다른 선수들은 매우 화가 나서 인터뷰를 무시한 채 경기장 밖을 나갔다. 그러나 손흥민은 좌절과 분노의 감정을 다스리고 매우 정중하게 인터뷰를 거절했다. 매체들은 '거절도 겸손한 손흥민 선수'라는 기사를 보도했다. 이는 화가 나거나 슬픈 상황에도 자신의 밑바닥 감정을 드러내지 않고 현명하게 상황을 인식하는 태도를 보여준 사례다.

그렇기 때문에 거절에도 기술이 필요하다. 먼저 거절할 때는 겸손히 예의를 갖추는 것이 필요하다. 예의는 우선 상대방의 의도를 분명히 파악하는 데서 시작한다. 의도를 잘못 파악하면 어긋난 대화를 불러일으켜 관계를 망치고 만다. 상대를 수용하지 않을 때 나도 모르게 차가운 에너지가 나오기 마련이다. 그래서 더더욱 내 언어의 온도와 에너지의 태도를 살피며 말하기가 필요하다. 겸손히 거절을 했다면 일차적(외부적) 차단은 일단 성공한 것이다. 이제 그 문제는 더 이상 당신의 이슈거리가 아님을 상기시켜야 한다. 당신은 당신이 하는 일에 몰입만 하며 나아가면 된다. 거절-차단-몰입의 단계를 거치게 되는 것이다.

우리가 해야 할 임무는 나를 해하고 내 삶에 불필요한 것에 대한 거절이다. 그렇기에 어떻게 거절하느냐는 매우 중요하다. 거절하면 상대가 나를 싫어하진 않을까? 혹시 그 친구 혹은 애인을 잃게 되지는 않을까? 염려한다. 아니다. 이유 있는 거절은 오히려 가장자리에 위태롭게 매달린 나를 구출해 겸손이라는 열매를 맺게 한다.

독일의 문학가 괴테 역시 겸손의 중요성을 강조하며 "겸손은 타인의 마음을 얻는 방법"이라고 말했다. 러시아의 작가 톨스토이도 "겸손한 사람은 모든 사람으로부터 호감을 산다"고 말했다. 겸손은 영원한 미덕이듯 우리에게 영원히 필요한 태도다. 뜻밖에 한 겸손한 거절만이 당신을 진정한 위너로 만들 것이다.

1. 거절했을 때 감사했던 일을 어떤 것이었나?

_____

_____

2. 당신이 생각하는 겸손의 세 가지 의미는 무엇인가??

_____

_____

3. 겸손하지 않는다면 나에게 무슨 일이 일어날 것 같은가?

_____

_____

4. 만약 거절한다면 나에게 어떠한 감사한 일이 일어날 것 같은가?

_____

_____

잠시 창고에 가둬두기

대부분의 사람은 자신의 생각에 매몰되어 산다. 그것은 다른 말로 자신의 세계에 지극히 빠져 있다는 것을 의미한다. 자기만의 세계에 너무 빠져 있으면 타인의 말을 듣지 못한다. 또한 상황의 맥락을 짚는 데 실수를 하기도 한다. 뿐만 아니라 상대방은 A라는 메시지를 전달했는데 나는 B라는 메시지로 되받아치기도 해 관계가 틀어질 수 있다.

내 경우에도 전하려는 메시지가 전달되지 않아 관계에 어려움을 겪은 경험이 있다. 시댁과의 세대 차이에서 오는 다름과 개인적 가치관, 서로 다른 가족 문화에서 오는 차이가 있었다. 살아온 삶의 시간들이 달라 깊은 갈등까지 가게 되면 관계의 회복이 힘들어진다. 그래서 나는 결국 차단을 선택했다. 내 주장, 감정, 생각을 우선 잠시 차단하고 그들의 이야기를 듣는 시공간을 확보했다. 그렇게 차단의 시간을 지나 서로의 다름을 인정할 수 있었다.

생각이 상대와 서로 통(通)한다는 것은 매우 중요하다. 생각을 전달하는 메시지의 전달 방법과 태도에는 기술이 필요하다. 차라리 생각을 넣었다 뺐다 할 수 있다면 얼마나 좋을까? 상황에 따라 필요한 생각을 가져다 사용하고 불필요할 때에는 어딘가에 잠시 놓아두는 행위는 우리 삶에 많은 도움을 가져다준다. 여기서 이 것을 우리는 '잠시 창고에 가둬두기'라고 말하자. 창고에 가둬두 기 연습을 통해 우리는 생각의 유연성을 익히며 마음의 시스템을 갖추어 보다 편한 삶을 살아가는 것이 목적이다.

갖고 있는 문제를 창고에 두고 자물쇠로 문을 잠가 버리는 행 위다. 자물쇠를 잠가버리는 순간 이제 더 이상 그 문제들은 밖으 로 나오지 못한다. 우리는 문제로부터 좀 더 해방될 수 있다. 원하 는 생각에 더욱 집중하는 삶을 누리는 것이다.

심적 여유가 된다면 창고에 이름을 붙여도 좋다. 나는 부부 갈 등을 겪는 과정 동안 수많은 문제를 창고에 가둬두는 연습을 길렀 다. 그리고 그 창고를 '썩은 창고'라고 이름을 붙였다. 문제를 썩은 창고에 가둬두니 더 이상 문제를 보려하지도 알려고 하지도 않는 마음의 내성이 생기기 시작했다. 그제야 그와 연결된 모든 감정을 끊어낼 수 있었다.

현재 당신은 어떤 문제에 직면하고 있는가? 지금 당장 창고를 만들고 자물쇠를 잠궈라! 문제는 더 이상 당신을 지배하지 못할 것 이다. 문제가 당신의 반경에 진입하지 못하도록 철저히 자신을 보 호하고 지켜내야 한다. 당신을 힘들게 하는 감정, 생각들과 모두

결별해야 한다. 흔들리는 주파수로 인해 생긴 잡음을 해결하고 자신의 주파수에 고정해 시선, 관심, 마음의 방향, 생각의 흐름을 나에게로 집중해야 한다.

수용과 마주침

창고의 문을 잠갔다고 해서 내가 없애고 싶은 존재와 상황들이 현실적으로는 없어지는 게 아닐 수 있다. 왜냐면 내 손에 열쇠가 여전히 주어져 있기 때문이다. 우리는 나도 모르게 반사적으로 창고를 열 수도 있다. 마치 나도 모르게 내 과거를 끊임없이 들춰 자신을 힘들게 하는 것과 같다. 이것은 나중에 습관이 되어 주기적인 패턴으로 나를 고통에 몰아넣는다. 더 나가서 주변 사람들도 같이 고통 속으로 몰아넣는다.

곪은 문제를 없애고 싶다면 혹은 완전히 내 인생에서 도려내고 싶다면 그 열쇠마저 숨기거나 차라리 잃어버리는 편이 낫다. 문제의 신호만을 단순히 차단하는 것이 아닌 존재 그 자체를 완전히 없애는 과정이다. 열쇠를 강가에 던져버려도 되고 아니면 거대한 바위 아래 숨겨 놓아도 된다. 도저히 내 힘으로 그 열쇠를 찾을 수 없어 창고의 문을 여는 것을 포기하게끔 만드는 것이다.

이것은 굳은 의지와 조금은 고집스런 단념이 필요하다. 미련 없이 포기하는 것을 말한다. 이 경지에 도달하기까지 우리는 수 많은 고통의 시간과 마주하게 된다. 그것이 바로 창고의 열쇠마 저 숨길 수 있는 힘을 갖게 되는 비결이다.

창고에 가둬두는 것은 고통을 일방적으로 피하는 것이 아니 다. 문제를 부인하는 것도 아니다. 오히려 수용과 마주침의 과정 을 거쳐 성숙하게 판단하는 행위다. 내 문제와 상처들을 잠시 창 고에 두기까지, 그 상처와 마주하고 어디로부터 왔고 왜 그랬는지 용감하게 이야기할 수 있는 담대함이 필요하다.

당신에겐 창고가 있고 열쇠가 있다. 그러니 용기를 내어 문제 와 마주하고 그것을 잠시 창고에 던져버리자! 그리고 머지않아서 당신에게 행복과 기쁨만을 가둬두는 창고가 생기길 바란다.

부정적 시그널을 차단하는 법칙

앞서 말한 창고는 문제를 버리는 창고지만, 창고의 기능은 다 양하다. 좋은 물건을 저장해놓는 공간이기도 하다. 그럼 왜 나는 창고에 문제를 던져버리라고 하면서, 여기서는 왜 아름다운 기억 을 저장하라고 하는가?

그 이유는 우리는 삶이라는 큰 틀 안에서 앞으로 나아가고 전진해야만 하는 존재이기 때문이다. 아름다운 기억은 우리 스스로가 삶을 더욱 영위하고 존속해나갈 수 있도록 하는 힘을 키워준다.

또한 아름다운 기억만을 만드는 것도 부정적 시그널을 차단하는 하나의 법칙이기 때문이다. 아름다운 기억만을 저장해두는 창고가 있다면 우리 마음에 평안함과 온전히 소유했다는 행복의 포만감을 느낄 수 있다.

그렇다면 부정 열쇠와 긍정 열쇠 모두를 만들어놓는 것이다. 부정의 방, 긍정의 방 두 개의 방을 모두 만들어놓는 것은 더 건강한 방법일지도 모른다. 부정의 방은 한마디로 부정한 감정을 분리수거하는 공간이다. 긍정의 방은 선하고 좋은 감정들만 쌓아놓는 방이다.

우리의 마음에 차단의 힘이 발휘될 때 부정과 긍정 두 개의 시스템이 작동한다. 그 이유는 차단하려고 움직일 때 우리의 마음에는 저항이 생기기 때문이다. '괜찮아, 그냥 그 상황을 받아들여'(실질적으로는 상황에 들어가라는 속삭임)와 동시에 '끊어버려'(너 자신을 위해 절단하라는 속삭임)라는 이 두 가지 속삭임이 서로 부딪히기 때문이다.

그럴 때엔 두 개의 방을 만들어놓고 그때그때 방에 넣어두는 것이다. 중요한 것은 이 저항 속에서 중간의 위치에 서 있지 않는 것이다. 그렇다고 해서 부정의 방으로 들어가라는 말이 아니다.

부정적 창고를 많이 갖고 있는 것보다는 최대한 아름답고 좋았던 기억의 창고를 지니면 삶이 더욱 평온하고 안정적일 것이다. 아름답고 행복한 저장창고가 자동으로 당신에게 열리기를 바란다.

1. 자신의 문제를 잠시 창고에 가둬둔다고 했을 때 어떠한 생각과 느낌이 드는가?

_____

_____

2. 나의 창고를 이미지화시켜 보자.

_____

_____

3. 그 창고의 이름은 무엇이고 자물쇠는 어떻게 생겼는가?

_____

_____

4. 그 창고에 넣어두고 싶은 일 혹은 사람이 있다면 무엇인가?

_____

_____

5. 편안한 마음 상태로 그 창고에 가두고 싶은 일, 상황 혹은 사람을 모두 넣어두자.

_____

_____

6. 현재 마음을 한 문장으로 표현한다면?

_____

_____

긍정적 이미지 연상하기 - '시각화'

이 책에서 말하는 차단이란 결코 소통이 되지 않는 방어벽을 쌓는 것이 아니다. 진정한 연결과 소통으로 가기 위해 '잠시 내려놓고 멈추는 행위'를 말한다. 차단을 통해 내게 들려오는 소음들을 걸러내고 진정 내가 수용하고 받아들여야 할 메시지를 읽어야 한다.

이러한 뜻을 가진 차단은 꿈을 확보하기 위해 거쳐야 하는 필연적 단계다. 꿈을 이루는 데는 여러 장애물들이 있다. 그러나 원하는 것을 얻기 위해서는 나쁜 시그널(여기서는 장애물을 가리킨다)을 차단해야 한다. 시그널이 나에게 주는 유익을 판단하고 지혜롭게 차단할 것인지 혹은 흡수시킬 것인지 선택을 내리는 것이 중요하다.

이번 장에서는 시각화 방법을 차단의 법칙에 이용해볼 것이다. 시각화란 무의식 또는 의식 중에 떠오르는 생각과 이미지들을 눈에 보이게 이미지화시키는 것을 말한다. 성공하는 사람들의 특징 중 하나는 바로 이 시각화를 잘한다는 것이다. 매일 자신이 원하는 목표를 머릿속에 떠올리며 명상을 하고 이미지화시키는 훈련을 한다. 긍정적인 이미지 연상, 그리고 내가 원하는 것에 대한 이미지 연상은 일차적으로 우리 몸의 에너지를 바꿔준다. 에너지에는 감정이 담겨 있다. 감정과 에너지는 마치 N극과 S극이 서로를 끌어당기듯 담아내려고 한다. 감정은 에너지를 끌고 오고, 에너지는 감정을 유발시킨다. 그리고 에너지는 아우라와 분위기를 만든다.

혼란한 상태를 정리하는 데는 시각화 작업이 큰 영향을 미친다. 시각화를 통해 우리의 뇌 속을 정화시킬 수 있다. 어지러웠던 정보들을 나란히 배열하고 정리할 수 있다. 의식과 무의식 속에 있는 존재들을 꺼내어 이미지화시킨다. 특히 무의식에 있는 것들을 수면 위로 끌어 올려 이미지화해 의식 위로 올라오게 한다. 의식 위에 올라온 이미지들을 꺼내어 그림으로 지도를 그린다.

호흡을 가다듬자

시각화, 이미지 연상을 위해서 먼저 해야 할 게 있다면 바로 호흡 가다듬기다. 호흡은 우리의 생각을 정화시킨다. 호흡은 우리가 보고 느끼는 감각들을 정돈한다. 깊고 진중한 호흡은 우리 마음을 단순화시킨다. 호흡의 기운을 통해 우리의 뇌는 팽창하고 수축한다.

우선 허리를 곧게 세우고 가장 편안한 상태로 숨을 깊고 조용히 들이마셨다가 천천히 길게 내쉬기를 반복한다. 이 과정을 반복하면서 머릿속에 자신이 원하는 삶의 모습과 그림들을 그려본다. 그리고 그 고요함 속에서 내 모습을 바라보도록 한다. 호흡을 통해 뇌의 회로가 정리되고 이를 통해 몸에 새로운 시스템이 설치될 수 있도록 꾸준히 반복하며 변화된 경험들을 느껴본다.

갑자기 화나는 일이 생겼다고 해보자. 3초의 법칙이라는 것이 있다. 딱 3초만 호흡을 들이마시고 내쉬면서 화를 가라앉히는 것이다. 화병 전문가 김종우 교수에 따르면 3초, 15초, 15분을 기억하라고 한다. 그에 말에 따르면 화가 가라앉을지 결정되는 시간이 딱 3초라고 한다. 3초에 도달하기 전에 문제를 깨닫고 다른 곳으로 시선을 돌리거나 피하면 심각한 상황에 이르는 것을 막을 수 있다는 것이다. 3초가 15초가 되고 15초가 1분이 되어 결국 인내하는 사람으로 변화될 수 있다.

그밖에도 이처럼 호흡이 주는 영향력은 많은 영역에서 적용된다. 호흡만 잘 쉬어도 차분해지고 분별력을 갖게 된다. 뇌의 시스템을 바꾸는 것이다. 더불어 직장, 가정, 사회에서의 관계들을 현명하게 잘 이어나갈 수 있는 밑거름이 된다.

거울의 법칙

우리는 거울을 통해 각자 자신의 모습을 바라볼 수 있다. 외적인 모습뿐 아니라 내적 거울을 삶의 메아리로 삼아 내 마음속 상태를 바라보아야 한다. 거울은 내 모습을 투영시켜 현재 내가 어떠한 상태인지 보도록 한다. 미국의 사회학자 찰스 호튼 쿨리는 《인간 본성과 사회질서》에서 "모든 사람은 다른 사람의 거울이며 그들의 모습을 반영한다"라고 말하며 미러링 효과의 중요성에 대해 언급했다. 즉, 거울이란 대상이 자기 인식을 돕는 것이다.

마음속 거울에 비친 내적 상태를 통해 우리는 세상을 바라본다. 세상 또한 마치 거울처럼 삶에 대한 내 태도를 반영해 또다시 내 모습을 투영하게 된다. 거울의 법칙에서 가장 중요한 것은 거울 속에 비치는 내 세계다. 거울 속 내 모습이 곧 현재 내 마음 상태다. 삶은 곧 거울과도 같다.

아기는 엄마를 통해 세상을 알아간다. 뱃속에서 아기와 처음 마주하는 사람이 바로 엄마다. 아기의 눈에 엄마가 비춰지고 엄마의 눈에는 아기가 비춰진다. 아기에게 엄마란 곧 세상이다.

이렇게 적용하면 된다. 거울에 이름을 붙이고 그 거울에 비춰지고 싶은 나를 상상하는 것이다. 외적인 것, 내적인 것 모두 구체적으로 상상해 거울을 바라본다. 그 속에 비춰진 내 모습을 어떻게 바라볼 것인가에 대한 기준을 세워 보다 정확하게 나 자신을 바라본다. 이는 다른 사람이 나를 어떻게 보느냐도 같이 반영된다. 이러한 미러링 법칙은 나를 정확히 인식하도록 한다.

또한 삶의 표본을 거울에 그려놓아 내 몸과 마음속에 걸고 다니는 것도 방법이다. 주의할 점은 상대방 거울에 비춰지는 대로 따라가는 것이 아니다. 거울이 비추는 반사 빛에 의해 눈이 부시다고 불평을 부리는 것도 아니다. 상대방의 거울은 상대의 것이고, 내 거울은 온전히 내 것이다. 그렇기 때문에 '과연 나는 내가 인식하며 살아가고 있는 어떠한 삶의 정보들을 나라는 거울 속에 비춰지게 할 것인가' 고민해야 한다.

마음속 그림을 실현하는 법

세계적인 자기계발서 작가 브라이언 트레이시는 "삶의 향상은 항상 마음속 그림의 향상에서 시작됩니다. 마음속 그림이 유도장치가 되어 그 그림을 실현하는 방향으로 우리의 행동을 이끌기 때문입니다"라고 말했다. 성공하는 사람들은 자신이 이루려는 꿈을 매일같이 상상하고 더 나아가 그 꿈을 자신의 담보로 삼아 삶을 살아간다. 올림픽 10종 경기 금메달리스트 브루스 제너는 2년 동안 금메달을 따는 것을 상상하곤 했다고 한다. 유명 골프 선수 잭 니클라우스 역시 골을 칠 때 완벽히 머릿속에 그린 후 경기를 했다고 한다.

담보는 사전적 의미로 채무 일정 기한 동안 확실히 갚아야 하는 법적 수단이다. 다시 말해 꿈의 담보는 우리가 반드시 그럴 수밖에 없도록 하는 환경적인 장치인 셈이다. 꿈의 담보는 실질적으로 내 머리와 내 몸속에 꿈을 완전히 체득시키는 것이다. 이미 이루어진 것처럼, 이루어지리라고 확실한 신념을 가지고 나아가는 것이다.

1. 당신에게 긍정적인 것은 어디부터 어디까지의 범주 안에 들어가는가?

_____

_____

2. 긍정적인 것을 소유한다면 당신의 삶은 어떻게 변화되고 달라질 것이라고 기대하는가?

_____

_____

3. 주변 사람들에게는 어떠한 영향을 미치겠는가?

_____

_____

4. 지난주 또는 지난달에 내게 가장 긍정적이었던 것을 생각해라, 무엇이 있는가?

_____

_____

5. 그것을 하나의 삶의 파이로 만든다면, 파이의 이름을 각각 정해보자.

_____

_____

6. 거울을 통해 보고 싶은 내 모습은?

_____

_____

7. 내 마음속 거울에 비춰진 내 모습은?

_____

_____

8. 나는 담보로 할 꿈이 있는가?

_____

_____

경계의 원칙

유명 정신과 의사 정혜신은 《당신이 옳다》에서 공감은 경계를 인식하는 것이라고 말한다. 나는 이 말을 상대방과 나 사이에 있는 심리적 공간을 인식하고 공감하는 것으로 해석했다. 사람과의 좋은 관계를 이어나가기 위해서는 관계를 끊임없이 연결하는 것이 중요하다. 그러나 지속적이며 건강한 관계를 이어나가기 위해서는 정혜신 의사가 말한 것처럼 '경계(boundary)'가 필요하다.

경계란 무엇일까? 나는 경계를 '원칙'으로 정의했다. 여기서 말하는 원칙은 관계에 있어서 일종의 규율 또는 규칙이라고 할 수 있다. 그 규율의 범위 안에서 우리는 관계를 맺고 행동한다. 그러나 여기서 말하려는 이야기의 초점은 이 규율 안에 갇히는 것이 아닌 규율을 뛰어 넘는 것이다. 진정한 경계는 결코 바운더리를 쳤다고 해서 그 바운더리 안에 갇혀 좁은 인간관계를 맺는 것이 아니다.

마땅한 경계의 원칙은 나를 설득하고 또한 남을 설득시킬 수 있어야 한다. 원칙에 걸려 행동에 제한을 두자는 것이 아니다. 그러나 상대방을 설득시킬 수 있는 원칙의 경계를 세워 만족스러운 삶을 살아가는 것이 관건이다. 그리고 나 자신은 그 원칙으로 말미암아 더 자유로울 수 있는 권리와 책임을 누려야 한다.

그렇다면 어떻게 원칙의 울타리를 세워야 할까? 어떠한 원칙이 나를 생각하고 또한 상대방을 생각하는 평등한 관계를 이어나 갈 수 있을까?

관계에 대한 정의

관계란 무엇일까? 관계에 대한 정의는 많고 점점 더 복잡해지고 있다. 관계에서 우리들이 흔히 크게 저지를 수 있는 실수는 바로 선을 넘는 것이다. 다시 말해, 상대방이 내 영역을 침범하거나 혹은 내가 상대방이 설정한 경계를 무의식적으로 넘는 경우다. 어떠한 사람은 이를 깨닫고 자신의 울타리를 치고 관계를 맺는 반면, 어떤 이는 완전히 그 상대를 만나지 않는 식으로 관계를 절단한다. 여기서 말하고 싶은 것은 관계도 때론 마치 수학 공식 같아서 정해진 규칙들이 있다. 그 규칙을 따라서 움직이면 최소한 관계를 실패하지 않을 수 있다.

그렇다면 관계 속에는 어떠한 규칙들이 숨겨져 있을까? 그 안에는 만질 수 없는 것과 만질 수 있는 것들이 서로 합일체가 되어 있다. 우리는 무엇이 관계 속에서 만질 수 없는 것이고 만질 수 있는 것인지 구별하는 지혜가 필요하다. 이것은 때때로 보이지 않는다. 어쩌면 평생 동안 고민해도 풀리지 않는 숙제처럼 말이다.

나 역시 부부 갈등의 과정을 겪으며 관계가 꼬인 실타래 같았다. 그러나 그 실타래가 왜 뭉치고 꼬였는지 처음엔 알 수 없었다. 그저 남탓을 하기에 바빴다. 그런데 이 상황을 감당해야 하는 내 몫을 알아차리자 엉킨 실타래가 풀리기 시작했다. 관계란 내가 때론 원하지 않아도 그렇게 밖에 될 수 없는 상태에 도달하는 것이다. 그래서 비록 부정적인 상황과 만날지라도 낙심하지 말아야 한다.

관계 속에는 내가 원하지 않아도 생겨나는 우연의 법칙들이 있다. 그 우연을 긍정적인 스토리로 만들 것이냐 아니면 슬픔과 낙담의 스토리로 만들 것이냐는 내가 쓰는 각본에 달려 있다. 이 사실을 분명히 기억해야 할 것이다. 관계의 주인이자 열쇠는 나 자신이기 때문이다.

Say No라고 대답할 줄 아는 훈련

대화와 관계는 서로 연결되어 있다. 대화를 현명하게 잘하는 사람은 관계 기술 역시 뛰어나다. 그렇다면 현명한 대화란 무엇일까? 또한 앞서 말한 나만의 원칙을 세우는 것과 No라고 대답할 줄 아는 것과는 무슨 상관이 있을까?

우리는 특히 '네, 알았습니다'와 같이 YES 문화에 익숙해 있다. 물론 요즘 젊은이들은 싫으면 싫다는 표현을 잘 하곤 한다. 어쨌거나 No라고 대답할 줄 아는 것은 자신의 통제력을 키우는 것과도 같다. 또한 이는 내 생각을 분명히 하는 태도다. 내가 No라고 하면 상대방이 싫어할 것 같아, 나를 밀어낼 것 같아 라는 생각이 들겠지만 솔직한 No가 더욱 상대방의 진심을 움직일 수 있다. 이중 메시지는 오히려 상대와 당신을 혼란 속으로 빠트려 대화의 의도를 흩트려 놓는다. 오히려 당신의 생각을 차분히 솔직하게 전달할 때 상대방과 당신과의 관계는 더욱 친밀해질 것이다.

No라는 부정이 두 번 들어가면 긍정이 된다. 강한 부정은 긍정을 뜻한다. No라는 것이 꼭 부정만을 뜻하진 않는다. 그 속에는 긍정을 풀어내는 열쇠가 숨겨져 있다. 관건은 우리가 어떻게 현명하고 슬기롭게 No라고 말하느냐다. 그것은 바로 태도의 문제다. 태도는 Yes라는 긍정을 담지만 언어는 No라고 대답해보자. 그것이 나와 상대방을 보호하는 길이다. 남자친구와 여자친구 연인 관계에서도 경계를 만들고 No 할 줄 알아야 한다. 그래야 상처받지 않을 수 있다.

경계에 대한 선언서

1. 나는 경계에 대한 약속을 분명히 준수할 것을 약속합니다.

2. 나는 _____에 대한 경계를 지키며, 이를 준수했을 시 나에 대하여 _____을 보상해줄 것입니다.

3. 나는 _____경계를 지키기 위해

 1._____

 2._____

 3. _____을 노력하고 실행할 것입니다.

에너지의 흐름을 바꾸다

우리는 무언가를 무심코 보거나 갖게 되면 계속 소유하고 싶은 습성이 있다. 그것을 통해 우리가 얼마나 욕망이 있는지 알게 된다. 소유권은 무엇인가를 지배할 수 있는 권리를 지칭한다. 과대한 소유로 만들어지는 탐욕은 또 다른 탐욕을 낳고 비교의식으로 이어진다. 있는 것에 감사하지 못하고 자꾸 남과 비교하는 삶은 우리를 불행하게 만든다.

세상에는 많은 문제가 도사리고 있다. 일어나는 모든 일을 내 삶과 직결해 생각한다면 얼마나 피곤하고 힘들까. 굳이 그럴 필요가 없다. 당신의 인생을 고귀하고 소중하게 여기며 문제의 소유권을 분별해 당신에게서 떠나게 해야 한다. 즉 소유권을 타인 혹은 다른 상황으로 넘기는 생각의 전환을 해야 한다.

문제의 소유권을 넘겨주면 에너지의 흐름이 바뀐다. 나에게서 흘러가고 나에게로 돌아오던 불쾌하고 찝찝하던 에너지들의 색깔이 변한다. 만약 끊으려야 끊을 수 없는 관계에 있는 사람들이라면 우선 에너지 흐름의 고리를 바꿔야 할 것이다. 그러면 몸도 건강해지고 활력을 찾게 된다. 에너지의 맥은 말하지 않아도 느껴지는 흔히 우리가 말하는 기운이다. 내 경험을 공유하자면,

나는 부부 갈등이 이혼으로 이어질까 봐 내 문제가 무엇인지 끊임없이 곱씹었다. 그럴수록 몸이 아프고 현명하게 생각하고 선택할 수 있는 힘이 점점 더 쇠약해져갔다. 이를 옆에서 지켜보던 어머니가 말했다. "생각과 선택의 문제는 네 것이 아니야, 선택을 그에게 던져"라고 말했다.

마음의 중심을 잡고 상상하듯 그리는 것이다. 선택이 내 선을 넘어 그의 선으로 옮겨지는 것을 머릿속으로 그린다. 내 구역에서 그의 구역으로 이동하는 것을 구체적으로 그려놓는 것이다. 그리고 모든 생각을 차단한다.

마치 마음의 정리 정돈을 하듯 하나둘씩 순서대로 문제를 이동시킨다. 일단 큰 생각과 큰 선택부터 철거를 한다. 이는 대담한 선택이다. 당신이 인생에서 한 보 나간 큰 발자국이다.

정말로 문제에 대한 당신의 선택과 생각을 분별하는가? 그렇다면 이제 당신은 자유로운 몸이다. 더 이상 어떠한 특정 문제로부터 묶여 있지 않다는 것을 스스로 선포하라!

1. 부정적인 문제의 소유권은 잠시 내게 있지 않다.

2. 그 문제는 잠시 _____ 창고에 가두어 두었다.

3. 내게는 _____ 이란 꿈이 있고, 그 꿈을 위해 나는 문제를 나에게 끌어오지 않겠다고 선포한다.

4. 나를 위한 신의 계획이 있음을 믿는다.

5. 내 안에 있는 신의 말을 따르면 나는 창조적인 인간으로 성숙해질 수 있다.

6. 그러기에 그 문제는 더 이상 나와 상관없다.

유연성을 높이는 것

문제에서 탈피함과 동시에 해야 할 일은 바로 유연성 전략을 짜는 일이다. 환경, 관계 등 외부적이고 내면적인 요소들의 유연성 요소들이 모두 이에 해당된다. 공간이 넓어지니 유연성이 생기는 것이다.

유연성을 높이는 일은 효율성을 높이는 일이기도 하다. 물건이나 자동차를 생산할 때도 유연성과 효율성을 동시에 고려해 만든다. 그래야 제조 생산시스템을 잘 운영할 수 있어 적시적기에 좋은 제품을 출시할 가능성이 높아진다.

궁극적으로 우리는 문제 해결을 통해 사고를 유연하게 만드는 시스템을 갖추어야 한다. 어떠한 문제가 닥쳐도 그 상황에 맞는 생각과 행동의 절제, 지혜로운 판단을 하는 것이다. 늘어나는 문제에 상대적으로 대응하는 힘이 있어야 한다. 이를 우리는 유연성 또는 회복탄력성이라고 부른다.

입양 출신의 미국 워싱턴주 한국계 출신의 폴신 상원위원은 6.25 전쟁 이후 입양이 되어 워싱턴주의 상원위원으로 당선되었다. 그는 어려움을 이겨낸 역대급 인물이다. 그를 통해서 우리는 그가 어려운 환경임에도 불구하고 정신적인 역경지수가 높고 탄력성 또한 높다는 것을 가늠할 수 있다.

사지가 없지만 가장 행복하다는 닉 부이치치는 이렇게 말했다. "가끔 살다 보면 당신이 넘어졌을 때, 다시 일어날 수 있는 힘이 없다고 느낄 때가 있는데 그럴 때 어떻게 하죠? 방법은 다시 일어나는 것입니다." 팔 다리가 없는 닉 부이치치도 자신이 넘어지면 다시 일어나는 것이라고 했다. 그는 백번을 넘어져도 백번 일어날 수 있는 의지, 용기를 가지고 있었다.

우리의 삶 또한 마찬가지다. 문제에 넘어져도 상황에 넘어져도 어디까지 일어서서 행동할 수 있는가는 우리 자신의 유연성에 달려 있다. 우리는 이러한 유연성을 키운다면 미리 올 문제들 또한 예방할 수 있다. 회복 탄력성뿐만 아니라 마음의 공간도 확보할 수 있을 것이다.

Why보다는 How to

문제를 볼 때 우리는 why(왜?)가 아닌 how to(어떻게?)를 생각해야 한다. why는 문제 속으로 더 깊게 들어가게 만들지만 how to는 발전을 향해 묻는 질문이다. how to는 목표 지향적이어서

'어떻게 하면 좀 더 나아지게 할 수 있을까?', '어떻게 하면 좀 더 바르고 옳은 길을 선택할 수 있을까?'라는 보다 선한 생각과 질문으로 이어진다.

문제를 보는 시각은 바로 여기서 차이가 난다. 문제 전체를 보느냐 아니면 문제의 부분만을 보느냐의 차이다. 물체의 꼭지점만을 보느냐 아니면 물체 전체의 모습을 보느냐의 차이다. 그림을 그릴 때에는 물체 전체의 윤곽을 보아야 쉽게 그릴 수 있다. Why를 기준점으로 삼을 건지 혹은 How로 문제를 바라볼 것인지에 따라 문제와 상황을 보는 우리의 사고와 시각은 달라진다.

예를 들어 큰 사고를 당했다고 가정하자. 사고가 난 즉시 우리는 왜 사고가 났는지를 묻는 것도 매우 중요하지만 앞으로를 위해서는 '어떻게'라는 질문이 더욱 건강한 빠른 회복을 돕는다. 어떻게 해야 회복할 수 있고, 사고의 트라우마를 극복할 수 있을지에 초점을 맞추는 것이다. Why가 아닌 How를 선택할 때 우리의 삶은 좀 더 편안해지고 나아진다.

– Question & Work ——————————————

1. 차단하고 싶은 생각이 있다면 무엇인가?

_____

_____

2. A4 용지에 차단하고 싶은 것들을 그림 또는 단어로 설명해
보자.

_____

_____

3. 그리고 그 차단이 내게 어떠한 부정적 결과를 가져다주는
지 인지하라.

_____

_____

4. 나에게 큰 지우개가 있다고 상상을 하고, 이제 그 큰 지우
개로 의심의 것들을 모두 다 지워보자.

_____

_____

5. 그리고 A4에 되고 싶은 나, 이루고자 하는 현실을 다시 그려보자.

_____

_____

6. 그 포트폴리오에 잠시 말을 걸어보는 것은 어떨까?

_____

_____

정리된 생각과 정리된 반응

　사람은 생각과 감정에 반응하는 존재다. 그렇기 때문에 생각과 감정에 반사 작용되는 것은 매우 자연스럽다. 우리는 하루에도 알게 모르게 수많은 정보를 흡수한다. 오감을 통해 들어오는 수백, 수천 가지의 정보를 통해 생각하고 그것을 통해 느낌과 감정이 반응하는 순환을 거친다. 중요한 점은 모든 생각과 감정의 반응을 분별해야 하는 것이다. 또한 반응을 섬세히 살펴야 한다. 이는 우리의 사고처리 능력을 올려준다.

　내가 생각하는 것이 곧 내가 원하는 것이다. 내가 어떤 사람인지 알려면 내 생각 속에 채워진 생각을 되새겨보면 된다. 원하는 것을 손에 쥐기 위해서는 먼저 생각을 정리해야 한다. 집 안이 정리가 잘 되면 필요한 물건을 바로 찾을 수 있는 간단한 원리와도 같다. 삶이 정리정돈 되면 나에게 몰입할 수 있는 귀와 눈을 갖게 된다.

　그렇다면 어떠한 생각을 해야 하는가? 무슨 생각이 소음을 차단하고 들어야 할 음성을 듣게 하는가? 생각과 그 생각을 통해 전달되는 느낌과 반응을 통해 우리는 나 자신과 접촉하게 된다. 접촉을 통해 나의 내면 아이와 만나 알아차림의 스파크가 일어나는 과정을 거친다. 여기서 내가 원하고 끌리는 생각과 그 반대의 생각을 모두 살펴보아야 한다. 이 양극의 생각과 감정, 반응을 통해 하나된 나로 통합을 이루는 것이 필요하다.

무한한 잠재력을 끌어올린다는 것

차단을 하기 위해 우리는 내 안에 있는 능력이나 문제를 새롭게 발견하며 동시에 새로운 영역을 개척하는 정신을 지녀야 한다. 또한 진정으로 간구하고 원하는 게 있다면 발견하는 눈을 가져야 한다.

우리 각자에게는 무한한 잠재력이 내재되어 있다. 누군가는 이 잠재력을 알고 활용하며 살아가지만 대부분의 사람은 자신의 잠재력을 믿지 못한 채 살아간다. 우리 모두는 광물 속에 숨겨진 다이아몬드를 캘 수 있는 자격이 있다. 따라서 당신의 숨겨 보석을 발견해야 한다. 보석을 찾는다면 당신은 각종 고민, 문젯거리로부터 잘 탈출할 수 있게 된다. 우리의 목표는 문제로부터 안전하게 탈출해 부정적 시그널을 차단하고 진정한 몰입, 성공의 단계로 나아가는 것임을 인지하고 있어야 한다.

그 보석은 당신이 잘하는 일일 수도 있고, 좋아하는 일일 수도 있다. 이것을 찾았다면 이제부터는 당장 행동으로 옮기는 것이다. 나 역시 경력 단절을 겪으면서 내가 좋아하는 일들을 찾기 시작했다. 그러나 지금 생각해보면 그것은 내가 주도적으로 발견하려고 의지에 시동을 걸었기 때문이라는 것을 깨달았다. 외국에서 원하던 직장에 들어가서 일하며 살다 한국으로 갑작스레 들어와 여러 가지 형편에 처하다 보니 혼란스러운 시절을 겪었다. 그러면서 책을 읽기 시작했고 독서에 빠져 살았다. 독서를 통해 힘들었던 과거의 시절과 안녕하며 차단-심리적 거리 두기의 힘이 발동되었다.

곧, 인생의 변화는 발견으로부터 시작된다. 그 발견을 통해 잠재력이 탄생한다. 잠재력은 창조(create)하는 것이 아닌, 발굴(discover) 하는 것이다.

또 다른 가능성과 기회

내가 인생에서 가장 좌절했을 때를 꼽으라면 남편으로부터 사랑하지 않는다는 소리를 들었을 때다. 그때는 내가 겪은 고통 중 가장 잊지 못할 통증의 시간들이었다. 나는 날마다 기도하며 남편의 사랑이 돌아오길 고대했다. 그때 내게 누군가 이런 말을 했다. "비록 힘들더라도 힘내세요. 한쪽 문이 닫히면 한쪽 문이 열립니다"라고 말이다. 그 말의 의미는 무엇이었을까?

바로 또 다른 가능성과 기회가 있다는 것이다. 우리는 모든 문이 열렸을 때를 가능성과 기회로 본다. 하지만 진정한 기회와 가능성은 모든 것을 잃었을 때 남아 있는 것이 기회이자 가능성이다. 그것이 새로이 열린 문이다. 오히려 내게 남아 있는 존재들에 대해 감사하고 어떻게 하면 이를 더욱 성장시키고 성숙하게 만들 수 있을지 고민하는 것이 좋다. 남아 있는 것이 오히려 당신을 더욱 빛나게 할 수 있다는 자신감을 갖고 살아야 한다.

더 나아가 새로 열린 문에는 축복이 더욱 가득하기 때문에 우리는 그 문을 굳게 잡아야 한다. 특히 고통으로 닫힌 문 뒤에는 이제 축복의 열린 문만이 남았다. 이것이 자연의 섭리고 신이 주신 말씀의 진리다. 그 문에는 우리가 해야 할 것들, 할 수 있는 것들이 너무나 많다.

당신의 삶 속에서 어떤 문이 열렸는가? 그 열린 문을 찾아야 한다. 고통은 정말로 위장된 축복일지도 모른다.

나 자신을 스스로 축복한다는 것

누군가 나를 위해 축복해주는 일은 참으로 기쁘고 값진 일이다. 그렇다면 누가 나를 축복해줄 수 있을까? 실패 투성이, 고난

투성이인 나를 보고 도대체 누가 '넌 할 수 있어', '넌 반드시 잘될 거야'라며 축복의 언어로 나를 위로해줄 수 있을까?

해답은 바로 우리 자신 안에 있다. 내 안에 잠들고 있는 또 다른 내 자아를 깨어서 나를 축복해야 한다. 그때 비로소 우리에게 변화와 무한한 가능성, 잠재력의 문이 열리게 된다. 우리는 완전하기 위해서가 아닌 온전해지기 위해 살아야 한다. 온전해진다는 것은 악조건 속에서도 흔들리지 않고 단단하고 견고한 상태를 뜻한다.

완전을 추구하다 보면 실패했을 때 실망감이 배로 다가오지만, 온전함을 추구하게 되면 오히려 성숙의 길로 나아갈 수 있다. 축복해주는 것은 내 안의 내적 이미지를 바꾸는 일이 먼저 수행되어져야 한다. 그것은 내가 내 마음속에 만든 표상이다. 선한 표상은 선한 말과 행동을 만들 수 있도록 돕는다. 특히 축복하는 행위는 마치 사랑을 하는 행위와 같다. 사랑을 받아본 사람이 진심이 담긴 사랑을 베풀 수 있듯이, 축복을 받아본 사람이 진정한 축복을 전달할 수 있다.

예를 들어, '나는 부자가 되고 싶어', '부자가 될 거야'라고 했을 때 가난한 이미지와 정신으로는 절대 부를 이룰 수 없다. 그래서 내 안에 있는 부에 대한 이미지를 바꾸고 돈에 대한 보이지 않는 정신적 표상을 바꿔야 한다. 그것은 내 마음속에 있는 뿌리로부터 시작한다.

다시 한 번 강조하면, 위에 언급한 축복의 방법은 내가 실행하는 것이다. 남이 나를 축복하는 것이 아닌, 나 스스로에게 축복의 권한을 주었을 때 우리의 몸과 마음은 편안해지는 상태에 이르게 된다.

1. 당신의 삶 속에서 진정으로 원하는 것 세 가지는 무엇인가요?

_____

_____

2. 그 세 가지를 이룰 수 있는 비결은 무엇인가요?

_____

_____

3. 모든 것을 다 이루었을 때 몸과 마음의 상태는 어떠한가요?

_____

_____

4. 어떠한 감정이 드시나요?

_____

_____

감사일지 습관화하기

미국의 한 소년의 이야기다. 사고로 다리를 한 쪽을 잃은 소년은 날마다 감사일지를 썼다고 한다. 그렇게 3년이 흘러 그 소년은 나중에 한 기업의 멋진 CEO가 되고 자랑스러운 아빠가 된다. 그가 성공할 수 있었던 이유는 무엇이었을까? 그가 한 쪽 다리를 잃었음에도 불구하고 살아남을 수 있었던 이유는 무엇 때문이었을까? 그것은 바로 '감사'다.

감사는 다른 사람에게 고마운 마음을 전하는 것이기도 하지만 먼저는 나를 살리는 일이다. 억지로라도 감사하는 연습은 나의 영혼을 소생시킨다. 또한 감사는 집중력을 발휘하게 도와주고 몰입 상태에 도달하게 하는 데 큰 역할을 한다.

먼저 고백하자면 나는 감사하지 않는 사람이었다. 갑작스레 찾아온 공황장애, 산후 우울증으로 나는 감사 대신 불평을 입에 달고 살았다. 그 시기 내가 가장 많이 했던 말은 "나 힘들어"였다. 그러나 이 책을 쓰면서 되돌아보면 내가 얼마나 감사하지 않고 살았나 깨닫게 된다. 감사하지 못했을 때 내 몸은 매일 부어만 갔고 건강도 악화 되었으며 마음과 감정은 꼬인 실타래처럼 풀리지 못했다.

그럼 왜 우리는 감사해야 하는가? 이것은 차단과 어떤 연관성을 지니는가? 더 나아가 감사와 몰입은 어떠한 역학적 관계가 있는가? 결론적으로 말하자면 감사는 아무리 해도 그 에너지가 소멸되지 않는다. 감사는 오히려 좋은 에너지를 불러일으킨다. 그리고 감사는 열등감을 극복하게 해 괴로운 감정을 없애는 특효약이다.

감사는 뇌를 건강하게 만든다

감사는 우리의 신체 뇌를 바꾼다. 이는 이미 많은 실험 결과에서 감사를 한 사람의 뇌와 감사하지 않은 사람의 뇌는 확연히 달랐다. 감사하지 않은 사람, 불평하는 사람의 뇌는 아드레날린을 일어나게 하고 심장 박동이 빨라진다. 감사하는 사람은 측두엽 중 도파민, 세라토닌 이른바 행복 호르몬을 분비한다. 이로 말미암아 심장박동과 근육이 안정을 취할 수 있게 된다. 이렇게 감사는 우리의 몸과 아주 긴밀하게 연결되어 있다.

뇌를 바꾼다는 것은 생각의 구조를 변화시킨다는 것과 일맥상통하다. 생각 흐름의 뼈대를 잘 다듬어준다고 할 수 있다. 무엇보다 선한 생각이 잘 흐를 수 있게 말이다. 또한 사고의 시스템이 융통성 있게 잘 돌아가게 만든다. 바로 감사를 통해서다.

감사하면 뇌를 재설정(reset)하는 효과가 나타난다고 한다. 또한 두려움을 없애고, 열정적이며 적극적인 태도가 나타나게 된다. 게다가 다른 사람과의 관계를 좋게 만든다고 한다.

이렇게 감사하는 삶의 패턴을 가진다면 부정적인 신호를 차단하고 최고의 몰입 단계로 갈 수 있다.

새벽, 감사기도를 하자

UC버클리 그레이터 굿 과학센터의 연구 책임자인 에밀리아나 토마스 박사에 따르면, 감사를 느끼면 스트레스나 어려움을 극복할 수 있는 회복탄력성이 강화된다고 한다. 부정적인 에너지와 생각을 차단하기 전, 우리는 먼저 감사의 기도를 해볼 수 있다. 일종의 감사 명상이다. 명상은 에너지의 전환을 바꿔준다. 감사하는 명상과 기도를 통해 우리 뇌와 몸에 흐르는 에너지의 맥락을 긍정적으로 변화시키는 것이다.

여기서 맥락이란 우리의 인지, 지각, 감각이 받는 정보의 흐름을 가리킨다. 뇌에 선한 자극을 주기 위해서 감사하는 일들을 찾아본 후 글로 쓰거나 대화를 통해 감사한 감정을 표출한다. 그 후 감사한 일들을 가지고 자아실현과 연결시켜 목적을 달성하도록 한다.

예를 들어, '나는 ~이 감사해, 그래서 나는 그 감사함을 보답하기 위해 ~을 실현할 거야'라고 말이다. 아침에 일어나서 '나는 야채주스를 마셔서 감사해, 그래서 나는 그 감사함을 보답하기 위해 예쁜 몸매를 가지기 위한 다이어트를 실현할 거야!'라고 말이다. 내 경우에는 '나는 딸이 있어 감사해, 그 감사함을 보답하기 위해 멋지고 자랑스러운 엄마가 될 거야!'라고 감사기도를 했다. 이런식으로 하루에 1일 1감사를 실천해보자.

감사는 몰입을 위한 가장 기본적인 도구다. 지혜롭게 몰입의 기초 체력을 키울 수 있는 방법이다. 그래서 우리는 피곤해도 늘 감사하는 시각에서 상황을 바라보아야 한다. 그럴 때에 우리에게 생각의 힘이 생긴다. 어려운 삶이라도 이어 나갈 수 있는 담력이 생긴다.

차단-심리적 거리 두기가 우리에게 진정한 자유를 준다면 몰입은 우리에게 진정한 행복을 준다. 그리고 감사는 자유와 행복을 전제로 한 겸손을 우리 손에 쥐어준다. 하지만 겸손해지기 위해 감사를 해야 하는 것은 아니다. 그러나 자유와 행복을 누리기 위해 감사는 필수 조건이라는 공식은 성립될 수 있다.

'감사(1단계)-차단(2단계)-몰입(3단계)' 이 3단계는 앞서 말한 자유와 행복을 누리기 위한 코스다. 탈무드에 따르면, 세상에서 가장 행복한 사람은 감사하는 사람이라고 한다. 세계적인 여성들의 워너비 토크쇼의 여왕 오프라 윈프리가 성공한 방법은 감사 일기를 쓰는 방법이었다.

창조성 회복을 위한 감사일기 쓰기

1. 흥미로울 것 같은 취미 세 가지를 적는다.

_____

_____

2. 기대되는 나의 잠재력 다섯 가지를 적는다.

_____

_____

3. 감사하면 나에게 좋은 일이 생길 것 같은 흥미로운 일 세
가지를 적는다.

_____

_____

2장

원하는 꿈을 제대로 꾸려면

생각회로 재구성하기

《뇌의 스위치를 켜라》를 쓴 캐롤라인 리프는 뇌는 변할 수 있고 새로운 환경에 적응할 수 있다는 '뇌의 가소성'을 밝혀냈다. 뇌는 얼마든지 새로운 환경에 의해 변화될 수 있다. 그리고 뇌의 어느 한쪽 부분이 기능을 상실하면 다른 한쪽 부분이 발달하는 특징이 있다. 뇌는 또한 '후성 유전학'에 의해 바뀔 수 있다. 사전에 따르면, 후성 유전학이란 DNA의 변화 없이 유전자 발현의 패턴이나 활성이 변화하는 것을 가리킨다. 후성유전학에 의하면, 흔히 종교인들은 신앙이라는 환경에 의해서 DNA가 변화되고 따라서 삶이 변화된다고 한다. 우리도 역시 할 수 있다. 비결은 생각의 회로를 바꾸는 것이다.

뇌를 변화시키는 것은 생각의 회로를 다시 재구성하는 일이다. 생각은 행동과 뇌와 끈끈하게 모두 연결되어 있다. 뇌는 말하고 보고 듣고 입력한대로 출력한다. 우리가 어떤 생각과 마음을 품느냐에 따라 뇌는 그대로 반응한다.

그러나 생각과 마음이 따로 놀 때가 있지 않은가. 생각으로는 알겠는데 마음으론 움직여지지 않을 때가 있다. 또는 마음으로는 아는데 생각은 그렇지 않을 때가 있다. 나 역시 남편이 머리로는 나를 이해하지만 마음은 그게 안 된다고 한 적이 있었다. 사실 그는 자신의 생각과 마음을 정확히 몰랐을 뿐이라는 생각이 든다. 결론은 어떠한 생각을 하느냐에 따라 마음의 모습이 빚어진다. 그리고 그 빚어진 모습이 행동과 선택을 결정한다. 그만큼 생각과 마음을 일치시키기란 어려운 일이다. 생각과 마음을 제어할 수 있는 것은 그만큼 어려운 일이다. 그 장애물들을 넘어야 최종적인 승리에 이를 수 있다.

우리가 계속해서 알아보는 생각의 차단이란 다시 말해 뇌의 생각 회로를 다시 형성하는 것이다. 다시금 생각의 재편성 및 재구성을 실행하는 것이다. 생각은 사물을 헤아리고 판단하는 것이기도 하지만 무언가에 대한 기억이기도 하다. 사람이나 사건에 대한 기억은 생각으로 말미암아 나온다. 한순간의 생각이 그 사람, 그 사건에 대한 기억을 만든다.

생각을 차단하기 위해 몸의 태도를 관리하자

생각을 차단하기 위해서는 우리의 몸의 자세를 정리 정돈해야 할 필요가 있다. 그것은 바로 우리 스스로가 몸을 대하는 태도다. 때문에 몸을 관리해야 한다. 건강이 좋지 않으면 우리의 생활에도 불균형적인 영향을 미친다. 삶의 균형을 맞추기 위해서 운동을 통해 체력을 꾸준히 단련하는 것이 필요하다. 이렇듯 심신 건강을 보살펴야 한다.

내가 말하고 싶은 것은 건강한 몸 관리가 부정적이고 불필요한 생각을 차단하는 데 도움을 준다는 것이다. 간단한 걷기와 산책이라도 실행해보면 새로운 공기와 호흡이 우리 몸에 공급된다.

부부 갈등 중 가장 힘들었던 것은 부정적인 생각이 떠오르는 것이었다. 단순히 스트레스를 풀 수도 없어 마지못해 선택했던 것이 하루에 단 10분이라도 걷기였다. 처음에는 걷는 게 두렵고 낯설었지만 매일 같이 5분씩 시간을 늘려가며 걷자 기적이 일어났다. 몸에 부정적 근육들이 소멸되고 긴장되었던 관절들도 완화되어 갔다. 더 이상 나쁜 생각들은 내 몸과 마음을 지배하지 않았다. 오히려 몸과 마음이 생각을 지배하기 시작했다.

자신의 몸을 단련한다는 것은 두려움을 제거하는 연습이기도 하다. 건강한 신체가 불필요한 감정을 필터링하고 상쾌한 기분을 만든다. 운동선수들을 1만 시간 이상의 훈련을 통해 실전 경기에 대한 두려움을 없앤다. '나는 할 수 있다. 나는 해낼 것이다'라는 일종의 자기 암시를 혹독한 훈련을 통해 스스로의 몸속에 각인시킨다.

두려움은 암암리에 찾아온다. 그러나 매일 같이 자신의 몸을 정돈하며 생각을 정리하는 연습을 한다면 두려움이 찾아와도 우리의 몸은 긴장하지 않는다. 우리의 몸과 생각은 두려움에게 자리를 내놓지 않는다. 감정은 한 번 앉으면 우리 몸의 시스템 안에 정착하고 싶은 습성이 있기 때문에 불필요한 것들에 자리를 내주지 않아야 한다.

생각을 차단하는 것은 어떤 면에서 내 삶의 반경이 줄어드는 것도 같다. 모든 것을 차단한다면 살아가는 데 여러 가지로 불편한 게 많기 때문이다. 그러나 늘 옳은 것은 내 삶을 저해하는 생각일수록 빨리 끊어내야 한다는 것이다. 바로 나를 보호하기 위해서다.

그럼 어떻게 끊어 내는가? 5-4-3-2-1 숫자를 역으로 세고 문을 닫는다. 반대편에 상대방이 있고 그 가운데 문이 있는데 그 문을 닫고 열쇠로 잠근다. 그 문을 열면 바다 속으로 빠져버려 위험한 상황에 놓일 수 있다는 생각과 염려를 한다. 그래서 그 문을 절대로 열면 안 된다.

이것은 당신의 목숨이 걸린 문제다. 나였더라면 평생 그 문을 열지 않고 열쇠를 아예 버려버릴 수도 있다. 그만큼 내 목숨을 해롭게 하는 것에는 그림자도 가까이 하지 않는 게 좋을 수 있다.

건강한 신념 형성하기

고난을 극복할 때 가장 중요하게 작용하는 것은 바로 신념이다. 신념은 내가 바라보는 것들, 믿는 것들에 대한 생각이다. 어려운 일이 닥쳤을 때 내가 믿는 것들에 대한 믿음으로 나아가는 힘이 발휘될 때 우리는 한 보 더 성숙해질 수 있다. 사람들은 종종 자신의 신념으로 일상을 살아가고, 일을 하고, 세상을 바라본다. 그런 신념 안에는 흔히 가치관이 담겨져 있다. 어떤 사람인지 파악하려면 상대가 가진 신념을 살펴보면 된다.

미국의 베스트셀러 작가이자 동기부여가인 앤드류 메튜스는 신념에 대해 "당신의 마음과 신념체계가 바로 지금 당신이 가진 것을 결정한다"라고 말했다. 프랑스의 소설가 앙드레 지드 역시 "내게 진리가 되는 신념이란 내 능력을 최대로 활용하고, 그것을 행동으로 옮겨 최고의 의미를 얻는 것"이라고 했다.

원하는 꿈을 실현하기 위해서는 믿는 것들에 대한 이미지를 실존하는 것처럼 바라보고 그것에 의해 행동을 구체화해야 한다. 보이는 것만을 믿는 것이 아닌 믿는 것을 보고자 하는 마음을 가져야 한다.

결국, 우리가 기대하는 것 이면에는 분명한 각자의 신념들이 숨어져 있는 것을 발견할 수 있다. 바로 그런 기대를 갖게 한 결정적 계기들이 무엇인지 탐색하는 것은 우리가 그 일을 온전히 행하고 이룰 수 있도록 깊은 뿌리를 형성케 하는 것과 같다. 어떠한 비바람이 쳐도 우리 각자에게는 뿌리 깊은 신념이 있기에 쉽게 무너지지 않을 것이다. 뿌리는 신념이고, 기둥은 기대와 행동이며, 잎사귀는 생각, 열매는 결과다.

실제로 신념을 구체화하거나 행동화한다면 우리의 신념체계는 더욱 확고해질 수 있다. 여기서 중요한 것은 각자가 가진 신념이 보다 구체적이며 우수한 행동을 발생시켜야 한다는 점이다. 행동에 변화가 있었을 때 우리가 가진 신념은 더욱 견고해질 수 있다. 이는 신념 안에서 이뤄지는 경험과 학습이 영향을 줄 수 있다.

한편 그릇된 신념은 자신을 파괴하고 사람들과의 관계에도 영향을 미친다. 제 아무리 자신의 신념이라고 해도 파괴적 결과를 낳는다면 다시 한 번 되짚어봐야 한다. 그러나 이러한 신념도 재해석과 리모델링을 통해 다시 세울 수 있다. 놓치지 말아야 할 점은 내가 가진 신념이 옳은 방향으로 가고 있는지 감지하는 것이다. 이것을 다각도로 들여다봄으로써 우리의 목표는 신념을 통해 더 나은 성장을 그리는 것이다. 동시에 비합리적 신념들을 변화시켜 그 안에서 가치를 발견하는 것도 포함된다.

1. 다시 만들고 싶은 패턴 세 가지를 고민해보자.

_____

_____

2. 위의 생각의 패턴을 만들기 위해 노력할 수 있는 행동은 무엇이 있는가?

_____

_____

3. 건강한 생각을 갖기 위해 할 수 있는 행동은 무엇이 있는가?

_____

_____

4. 당신의 삶에서 가장 중요한 신념은 무엇인가?

_____

_____

5. 그 신념으로 인해 내가 할 수 있는 것은 무엇인가?

_____

_____

6. 그 포트폴리오에 잠시 말을 걸어보는 것은 어떨까?

_____

_____

비워내기

차단-심리적 거리 두기는 내게 어떠한 유익을 가져다줄까? 또한 무엇 때문에 우리는 차단해야 할까? 몰입하기 위해서 우리는 불필요한 장애물들을 그냥 지나치지 않을 수 없다. 온갖 방법을 통해 장애물들을 차단하건 뛰어넘건 해야 한다. 이를 이루기 위해서는 잠시 멈추어 꺼두는 행동이 필요하다. 마치 후끈 달아오른 자동차 엔진의 폭발을 방지하기 위해 시동을 꺼야 하는 것처럼 말이다. 장애물을 극복하는 것은 바로 그 장애물이 내게 다가오지 못하게 차단해 버리는 것이다.

그렇다면 차단의 힘은 어디로부터 나올까? 생각의 차단을 어떻게 이룰 수 있을까? 그것은 바로 마음 비워내기부터 시작된다. 마음을 비우는 연습은 곧 나를 비우는 것이다. 또한 비운다는 것은 곧 차단의 역설적인 힘을 이용하는 것으로 에너지의 방향을 바꾸기 위해 에너지를 비워내는 것이다. 그리고 건강한 에너지로 빈 공간을 다시 채우는 일이다.

비우면 진짜 채워야 할 것이 보인다. 비울 때 비로소 무언가 채울 수 있는 힘이 생긴다. 힘이 생긴다는 것은 공간을 확보했다는 것을 말한다. 공간은 내가 나를 바라볼 수 있는 공(호)간이다.

비우면 내가 어떤 혼란에 빠져 있는지 객관적인 내 모습들이 보이며 사람을 분별할 수 있는 눈을 갖게 된다.

그런데 더욱더 중요한 점은 비우는 행위를 통해 우리 마음속에 있는 불안함을 없앨 수 있다는 것이다. 오히려 불안함은 돈을 더 많이 벌수록, 더 많이 배울수록, 무언가를 더 많이 가질수록 부풀어 오른다. 결코 모든 것을 완벽히 만족할 수 있는 삶은 없다. 그러나 채워져도 비워진 것 같은 넉넉한 마음의 태도로 살아가게 되면 오히려 남을 돌아볼 수 있는 여유가 생긴다. 또한 긍정적인 나를 발판으로 삼아 행복한 성취에 이를 수 있다.

고통의 밑바닥이 무엇인지 알아차리기

성공한 리더들의 특징에는 자기 비움이 있다고 한다. 《성공을 부르는 리더의 3가지 법칙》에 따르면, 자기 비움은 연민을 강화시킨다고 말한다. 연민은 나의 아주 낮은 밑으로 내려가 그 밑에 서 있는 나를 바라보는 것이다. 나와 마주하는 것에는 고통의 쓴맛도 있고 행복했던 달콤함도 있을 것이다.

일단 깊은 고통의 밑바닥을 내려 가보면 된다. 항아리의 밑바닥 즉, 고통의 밑바닥은 진짜 내 감정을 알아차릴 수 있게 해준다.

나는 부부 갈등을 겪으며 아주 깊숙한 나의 밑바닥까지 가보았다. 처절한 배신감, 슬픔, 외로움의 밑바닥까지 곤두박질쳤다. 그 밑바닥까지 내려가자 그저 텅 빈 항아리에 홀로 있는 내 모습을 발견했다. 그런데 그 항아리에는 아무것도 없는 무용지물의 항아리가 아니라 불필요한 것을 제거해낸 비워진 그릇이었다. 그 속에서 나는 내 울림을 들을 수 있었고 진정 내가 원하는 목소리를 들을 수 있었다.

고통의 항아리에서 울리는 내 목소리가 어떤 감정인지 읽어야 한다. 미국의 사회 심리학자 앨버트 메러비언에 따르면, 사람과의 소통에서 목소리가 차지하는 중요성의 비중은 38%를 차지한다고 한다. 목소리는 감정을 담고 있고 심리와 연결되어 있다. 다시 말해 내가 원하는 것이 무엇인지, 나는 누구인지, 나는 무엇을 추구하는지, 내 마음의 텃밭 상태는 어떠한지 등 '나'에 대한 깊은 정보와 의미를 담고 있다.

고통을 인내하는 시간 > 고통의 시간

고통은 사람을 성숙한 인격체로 만든다. 작가이자 코치인 앤서니 라빈스는 성공하는 비결이 고통을 활용하는 방법을 배우는 것이라고 말한다. 도자기를 잘 빚기 위해 적절히 뜨거운 온도에

들어갔다 나와야 하듯이 고통은 직면해야 한다. 피한다고 되는 일은 없다. 또한 꽃과 열매를 피워내기 위해 가지치기를 하듯 살이 떨어져 나가는 아픔을 겪을 수도 있겠지만 아름다워지기 위해 그 인내를 참아야 한다.

실질적으로 불필요한 마음과 생각을 비워내려면 고통을 인내하는 시간이 고통의 시간보다 더욱 길어야 한다. 고통의 시간은 상대적으로 길게 느껴진다. 하지만 인내하는 시간은 고통을 겪었던 시간을 역행해 새로운 플랜을 짜야 한다. 그러기 위해서는 생각의 메커니즘을 다시 세우고 새로운 포도주를 담기 위해 새로운 부대(여기서는 마음과 생각을 칭함)를 준비해야 한다.

고통을 인내하는 시간이 고통의 시간보다 길어야 한다는 것은 나 자신을 또 한 번 고통 속으로 내모는 것과도 같다. 그래야만 진정한 과거의 상처가 치유되고 자존감이 회복된다.《타이탄의 도구들》(토네이도)에서는 "상처를 받지 않으려면 나 자신을 먼저 바라보라"고 적혀 있다.

우리는 고통을 통해 나 자신을 바라볼 수 있게 된다. 비우면 비로소 새로운 것이 보인다. 비워야 진짜 담아야 할 것들을 담을 수 있는 힘이 생긴다.

할 수 없는 일에 더 이상 에너지를 쏟아서는 안 된다. 그것은 곧 자신의 영혼을 다치게 하는 가장 빠른 길이며 선한 영향력을 행사할 수 없게 만드는 어리석은 방법이다. 비우는 것은 마음을 공허한 상태로 놔두라는 것이 아님을 분명히 기억해야 한다. 머리를 비우되, 마음은 공허하게 남겨두지 말아야 한다. 사람은 감정의 동물이다. 아무 감정도 안 느끼려는 억지스러움은 없어야 한다. 여기서 강조하는 비우기란 바로 고통으로 제 기능을 하지 못하는 우리의 머리를 비우는 일이다. 머릿속 무거운 생각은 비우되 마음의 추는 분명히 중심을 잡고 있어야 한다.

1. 현재 자신이 비워야 할 것들이 있다면 무엇인가?

_____

_____

2. 앞으로 정기적으로 비워야 할 것들이 있다면 무엇인가?

_____

_____

3. 비움을 통해 얻을 수 있는 것이 있다면 무엇인가?

_____

_____

무의식 컨트롤

마음의 90%는 무의식이 차지하고 있다고 한다. 무의식을 어떻게 지배하느냐에 따라 인생은 달라질 수 있다. 무의식은 90%, 의식은 10%를 차지한다. 무의식은 24시간 동안 작동된다. 수면 위에 떠오른 빙산은 의식이고 그 아래 잠긴 더 큰 빙산이 무의식이다.

사람에게는 무의식과 의식 두 가지의 시스템 체계가 존재한다. 흔히들 무의식은 우리가 손닿을 수 없는 무지의 세계라고 생각을 하는데 그렇지 않다. 우리는 무의식을 의식으로 끌어올려 그 안에 담겨 있는 것들을 객관적으로 컨트롤할 줄 알아야 한다. 즉 눈으로 분명하게 볼 줄 알아야 한다는 것이다. 그러나 무의식을 의식으로 끌어올리기란 쉽지 않다.

차단-심리적 거리 두기의 법칙에서 말하는 무의식이란 차단을 하기 위해 무의식을 다루는 방법으로 소개될 것이다. 무의식에 있는 것들을 책장 속을 정리하듯 빼내어 정리해야 한다. 내 의식이 과연 어디에 그리고 무엇에 잠겨 있는지를 인지해야 한다. 우리 무의식에는 상당히 많은 것이 둥둥 떠다닌다. 내가 느끼는 것, 느끼지 못하는 것 혹은 알아차리지 못하는 것들 등 많은 것이 포함되어 있다.

일단 우리는 그 무의식에게 물어야 한다. '~아, 너는 어디로부터 왔니?', '~아, 너는 지금 내게 무엇을 말하려고 하는 거니?'처럼 말이다. 그리고 그 안에 있는 것들을 느끼고 분명하게 인지해 억압된 감정들과 존재들을 의식 가운데로 올 수 있도록 빼내야 한다.

무의식에 갇혀서는 우리에게 주어진 일들을 분명하게 해낼 수 없다. 지혜로운 판단과 선택도 할 수 없다. 무의식에 있는 것도 내 모습이지만, 마치 뿌옇게 안개가 낀 모습에서 나를 보는 것과 같기 때문이다. 내가 느끼는 것, 느끼지 못하는 것 혹은 알아차리지 못하는 것 등 많은 것이 포함되어 있다.

현명하고 분명한 생각들은 자신의 무의식을 얼마나 잘 관리하느냐에 따라 나오게 된다. 이것은 우리의 마음을 다스리는 것과 같다. 또한 우리 안에 깃든 정신을 얼마만큼 통찰해야 하는지를 말해준다. 다시 말해 무의식에 묶여 있는 감정, 생각, 경험들에 대해 명명하게 알아차리는 단계를 거칠 수 있어야 한다. 예를 들어 공포감, 우울감, 무기력감과 같은 기운들을 피하는 것이 아닌 그것들에 이름을 붙이고 직면해 극복해 나아가는 것이다. 이로써 건강한 무의식의 체계를 갖게 된다.

간혹 가다 나타나는 우리의 행동들은 무의식에 잠재된 에너지로 나타나게 된다. 무의식적인 우리의 모습에 의존하며 살아가느냐 아니면 의식적인 고찰을 하며 살아가느냐는 우리의 선택에 달려 있다.

환경을 바꾸자

무의식 위에는 불필요한 생각들이 떠다닌다. 우리는 이 잡념들을 제거해야 한다. 잡념, 생각의 소음을 없애는 방법은 일단 그것에 대해 생각해 보는 것이다. 억지로 떠오르는 잡념들에 대해 생각하지 않겠다는 것보다 잠시 그 생각이 어디로부터 출발했는지 그 생각은 내게 무엇을 말하는지 질문해본다. 즉, 제일 좋은 방법은 빙산 아래 위치하는 무의식이 수면 위로 떠오를 때, 무시하는 게 아닌 "이것이 무엇일까?", "이것의 근원은 무엇일까?" 스스로에게 물어보는 것이다.

무의식에 흔들리지 않으려면 환경을 바꿔야 한다. 환경에 의해 무의식적인 환경을 바꾸는 것이다. 일본의 《정리만 했을 뿐인데, 마음이 편안해졌다》라는 책이 있다. 이 책의 저자 다네이치 쇼가쿠 말에 따르면, 정리정돈만 해도 환경을 변화시키고 그 환경의 변화가 우리의 무의식을 변화시킨다고 말하고 있다.

환경에 변화를 주는 것은 매우 중요하다. 사람들은 오래전부터 환경에 의해 지배당해왔고 그 변화에 맞추어 살아왔다. 따라서 우리가 어떻게 환경을 이용하느냐에 따라 그리고 환경에 어떻게 적응하느냐에 따라 삶을 대하는 우리의 태도는 달라진다. 환경을 피하는 것보다 오히려 직면하는 것이 낫다. 그러다 보면 길들여지는 것이 아닌 우리가 그 환경을 길들이게 되어 삶의 선택권과 주도권을 갖게 된다.

내적 프로그래밍

사람들 각자의 마음속에는 프로그램이 작동되고 있다. 그것이 기쁨, 슬픔, 분노 등 다양한 감정과 기억들이 집합되어 결국 사람의 의식에 영향을 미치게 된다. 우리는 내가 원하는 대로, 내 의지대로 산다고 한다. 이것도 맞는 말이다. 그러나 좀 더 자세히 들여다보면, 그 의지 역시 이미 내적·외적으로 프로그래밍화되어 나타난 삶의 방식이라고 할 수 있다.

프로그램은 공식이 정해져 있다. 'A+B=C', 'DxE=DE'라는 공식이 있다. 새벽에 일어나 회사에 출근할 준비를 한 후 아침밥을 먹으며 아내에게 이야기하는 몇 마디와 회사에서 후배 직원에게 건네는 몇 마디의 농담도 이미 내 몸 안에 내재되어 있는 언어 프로그램이다. 그것은 내적 마음 상태를 기반으로 무의식적인 상태에서 흘러나오기도 한다.

컴퓨터를 예로 들면 프로그램의 사전적 의미는 컴퓨터를 실행하기 위해 작성된 명령어 모음이라고 한다. 우리의 생각, 느낌, 태도 모두 명령어이고 그것을 우리에게 입력했을 때 나오는 결과물이 곧 우리 삶의 모양이다.

특히, 나를 온전히 드러내지 못하는 방어기제를 알아차리고 자신과의 만남, 접촉을 통해 통합적인 나를 이뤄야 한다. 그 안에서 건강한 내적 프로그래밍이 형성될 수 있다.

무의식적 선포를 하자 (무의식 선포서)

1. 나는 세상에서 가장 사랑스러운 사람이다.

_____

2. 나는 세상에서 가장 아름다운 사람이다.

_____

3. 나는 성공할 수 있다.

_____

4. 나는 나를 전적으로 믿는다.

_____

5. 나는 내 마음의 주인이다.

_____

6. 나는 내 일로 인해 행복해질 것이다.

_____

7. 나는 내 일로 인해 많은 부의 에너지를 받을 수 있을 것이다.

_____

8. 나는 항상 강인하고 절대 쓰러지지 않는다.

_____

9. 나는 나의 꿈을 믿는다.

_____

10. 나는 나의 비전과 사명을 지켜 나아갈 것이다.

_____

꿈을 컨트롤하자

아리스토텔레스는 꿈은 불만족으로부터 나온다고 말했다. 여기서 말하는 불만족은 프로이트가 말하는 꿈의 의미와도 연결된다. 꿈 해석의 대가 프로이트는 꿈은 무의식 속에 품어 놓은 소망의식이라고 설명한다. 다시 말해 불만족의 의미 그리고 프로이트가 말하는 꿈은 내 무의식 속에 있는 내가 원하는 것, 내가 바라는 것이다. 바라는 것이 실현되지 못하고 억압되어 꿈을 통해 나타난다.

우리는 늘 종종 꿈을 꾼다. 생각이 많은 사람이라면 매일 꿈을 꿀 수도 있다. 나 같은 경우는 일주일에 꿈을 평균 세 번 정도 꾼다. 어떨 때는 매일 꿈을 꾼다. 무언가에 쫓기고 조급해하는 내 모습이 꿈에 나타난다. 내 꿈은 내가 안정적이길 원하고 있다는 것을 말해준다. 한때 내가 가장 불안했을 때 자주 꾸던 꿈 이야기를 하자면, 그때 나는 자동차와 엘리베이터 꿈을 많이 꾸었다. 안 좋은 일이 생길 때에는 꼭 고양이 꿈도 같이 꾸었다. 그만큼 쫓기는 듯한 불안함을 가지고 있다는 증거다. 당신은 어떠한가? 꿈을 많이 꾸는가? 어떠한 꿈을 꾸는가? 꿈은 우리의 생각의 연장선이고 무의식을 내포하고 있다.

좋은 몰입을 위해서는 그리고 건강한 일상을 위해서는 나쁜 꿈마저 차단해야 한다. 좋지 않은 꿈을 꾸고 그것에 끌려가면 나쁜 에너지가 우리 몸 안에 내포된다. 그리고 꿈에 자꾸만 매몰된다.

내 정신을 피폐하게 만드는 꿈이 연장된다면 지금 당장 그 꿈을 차단해야 한다. 우리는 흔히 나쁜 꿈을 꾸고 정말 그런 일이 생기는 거 아니야? 라며 다시 부정적인 에너지를 곱씹는다. 어떤 이들은 꿈에 집착해 일어나지 않는 일도 오히려 생겨나 상황을 더욱 악화시킨다. 사실상 아무 일도 벌어지지 않는데 말이다. 아무런 일도 발생하지 않는다면 우리는 그 자체로만 믿을 수 있는 담대함이 필요하며 '혹여나', '혹시', '설마' 하는 염려증을 버릴 수 있어야 한다.

우리의 임무는 앞에서도 언급했지만 나 자신의 생각과 마음을 보호하는 것이다. 그깟 꿈 따위에 우리 인생을 걸 수 없다. 지금 당장 부정적인 에너지를 주는 꿈으로부터 탈출해라! 그리고 마치 하늘의 천국을 나는 듯한 성공적인 꿈의 지도를 다시 그려라!

나를 괴롭히는 꿈의 스위치를 끄기

이때 우리는 억지로라도 선포해야 한다. 'xx꿈아, 너는 내게 그렇게 말할 권리가 없어' 'xx꿈아, 그것은 그저 꿈일 뿐이야, 현실에선 절대 벌어질 수 없어'라고 외쳐야 한다. 왜냐하면 나쁜 꿈은 우리를 묶어놓기 때문이다. 현실에서 자꾸만 그 꿈의 부정을 쫓아가게 만드는 원리를 가지고 있기 때문이다. 꿈은 사람을 움직이게 만드는 힘을 가지고 있다.

그러나 묶여본 자가 진짜 풀 수 있다는 것 또한 명심해야 한다. 묶여봐야지 매듭을 푸는 방법을 더 잘 알 수 있다. 부정적인 꿈도 오프(OFF) 하는 습관을 들여야 한다. 나에게 안 좋은 영향을 미칠 것 같은 꿈이라면 현명하게 판단해 전원의 스위치를 끈다.

나는 한때 기분이 불쾌한 꿈을 꾼 적이 있다. 누군가가 나와서 나를 비웃으며 조롱하는 것이었다. 순간 나는 '아, 시험이구나' 깨달았다. 연이어 '이것은 진짜가 아니야, 그들은 나를 비웃거나 조롱할 수 없어'라고 마음에 대고 선포를 날렸다. 일찍이 강력하게 선포를 했던 것은 이것이 삶에서 나를 완전히 부정적인 방향으로 묶고 간다는 것을 알아차렸기 때문이다.

사실 꿈을 꾸고 나서는 기분이 너무 나빴다. 어떻게 이럴 수가 있지? 마치 현실에서 일어난 일처럼 그 상황이 너무 싫었고 불쾌한 기분이 하루 종일 사라지지 않았다. 하지만 당장의 그 꿈은 내 삶의 현장 속에서 일어난 게 아닌 내 불안한 생각의 연장선이었으며 그런 불안함 속에 날 가두려는 악마의 속셈이었다는 것을 깨달았다.

꿈의 스위치를 끄고 나니 마음이 한결 편안해졌다. 다시 편안하게 잠을 잘 수 있었으며 일상생활을 아무 탈 없이 잘할 수 있었다. 몸도 원래의 편안한 상태로 이어나갔으며 오히려 생각은 더욱 명쾌해졌다. 나쁜 꿈은 내 운명을 변화시킬 절호의 기회다.

에너지의 흐름을 바꿀 때 꿈도 바뀐다

심리학자 융은 "꿈은 무의식적인 마음을 가장 잘 나타내는 도구"라고 말했다. 꿈은 우리 안에 내재된 세계가 표출되는 것이다. 들어나지 않는 우리의 내면세계와 정신세계가 꿈을 통해 나타난다.

꿈 분석을 통해 자기 알아차림을 할 수도 있겠지만 평상시 우리가 실천할 수 있는 것은 바로 꿈의 에너지 흐름을 바꾸는 것이다.

꿈의 에너지 흐름을 바꾼다는 것은 어떻게 보면 내 안의 무의식적인 생각과 마음의 시스템을 바꾼다는 것과 같다고 볼 수 있다. 의식으로 표출되는 생각은 아니지만 그 아래 무의식적으로 잔존하는 생각과 마음의 양식들이 어떠한지 관찰해볼 필요가 있다. 무의식 속에 있는 원형을 찾아내는 일도 필요하다.

꿈은 우리가 평소에 갖고 있는 무의식적 생각들과 에너지들이 합쳐 모아진 결과다. 꿈은 잠자는 동안 의식 상태와 마찬가지로 여러 가지 사물을 보고 듣는 정신적 현상이다. 또한 실현하고 싶은 희망이나 이상을 담기도 한다. 혹은 그 반대의 생각들을 담기도 한다.

생각을 바꾸면 꿈도 바뀐다. 내면의 무의식을 바꾸면 꿈이 바뀐다. 이것을 반복하다 보면 감정의 뿌리와 마음의 추가 내가 생각하는 이미지대로 형성된다. 그러므로 우리는 이 로직에 따라서 삶의 이미지를 찍어내려 간다. 그 이미지들은 또다시 우리의 무의식 속에서 발동하고 꿈속에서 나타나 우리를 괴롭게 하거나 즐겁게 만든다.

꿈속에서도 행복한 삶을 꿈꾸고 싶은가? 그럼 당장 에너지의 흐름을 바꾸고 무의식 속 이미지들을 바꾸어라! 원형을 바꾸어라! 꿈이 바뀌면 인생도 바뀐다.

꿈 노트 (Dream note)

1. 오늘 어떤 꿈을 꾸었나요?

_____

_____

2. 그 꿈을 꾸고 나니 기분이나 마음이 어떠한가요?

_____

_____

3. 꿈에 대해서 이야기해보며, 바꾸고 싶은 이상, 희망이 있나요?

_____

_____

몰입 대상 만들기

방금 막 태어난 아기에게 가장 중요한 것은 무엇일까? 안락한 집일까? 포근하게 감싸주는 옷일까? 맛있는 우유 또는 재밌게 생긴 장난감일까? 모두 아니다. 지금 당장 아이에게 필요한 것은 '대상'이다. 그 대상은 바로 엄마다. 대상관계이론 학자 멜라니 클레인에 따르면, 아기는 출생 후 엄마의 안아주기, 유방을 통해서 엄마의 전체 이미지를 대상화한다고 한다. 모든 사람은 태어날 때부터 엄마를 통해 대상을 알아가고 세상과 연결된다. 그래서 첫 애착 대상은 아이뿐만 아니라 삶을 살아가는 모든 인류에게 아주 중요한 요소다.

또 다른 대상 관계이론의 학자 마가렛 말러는 대상이란 타인을 말하고 이는 개인이 다른 사람들과 맺는 관계에 초점을 맞춘다고 설명한다. 또한 그녀는 신생아는 엄마와 공생적 관계로부터 시작해 즉, 심리적으로 융합된 상태에서 인생을 시작한다고 말했다. 우리는 이미 태어날 때부터 관계를 맺고 태어난다. 말러에 의하면 건강한 분리 개별화 과정을 통해 심리적 탄생을 이룬다. 그러므로 우리가 바라볼 수 있는 대상, 소통할 수 있는 대상이 있다는 것은 매우 중요하다. 아이가 태어났을 때부터 성장하면서 그 대상이 없으면 불안감과 상실감으로 스트레스가 쌓여간다. 또한 대상이 있더라도 아이에게 그 대상은 좋은 내적 표상을 그릴 수 있는 존재여야 한다.

우리는 최고의 몰입 대상을 만들어야 한다. 그러나 사람이나 물질이 대상이 되면 의존적으로 될 수 있다. 결핍된 대상을 대상으로 삼거나 혹은 물질을 탐욕의 대상으로 삼아서는 안 된다. 선한 비전과 목표를 대상으로 삼아 그 영역 안에서 나의 최고치 능력을 발휘하고 집중할 수 있어야 한다. 방해하는 것들이 무엇인지 정확히 살피는 일은 집중하기 전 반드시 해야 할 일종의 스트레칭 운동과도 같다.

그 다음으로 부정적 에너지와 소음을 차단할 수 있는 최고의 방법은 무언가에 몰입하는 것이다. 생각의 방향을 전환하는 것이다. 나 역시 이혼 위기로 너무나 힘이 들 때 필사적으로 일을 하고 책에 집중했다. 살기 위해서 떠오르는 나쁜 생각들을 차단했다. 일과 책에 몰두하는 것이 내 몸에 시스템화될 때까지 연습하고 또 연습했다. 기적은 일어났다. 일을 시작할 때 자동적으로 부정적 스위치가 턴 오프되었다. 그러자 생산성과 효율성의 스위치에 불이 들어옴과 동시에 선한 비전과 목표가 형성될 수 있었다.

몰입할 대상을 찾으면 문제가 작게 보인다

누구에게나 문제를 보는 현미경이 있다. 어떤 이에게는 사소한 일일지라도 어떤 이에게는 생명이 달린 문제일 수도 있다. 현미경으로 문제의 어느 부분을 들여다보느냐에 따라서도 이야기는 달라진다. 문제를 보는 각도와 관점의 차이다.

차단의 위력을 발휘하기 위해서는 큰 문제를 작게 만들어야 한다. 작게 본다는 것은 쪼개어 본다는 것을 말한다. 지금 당장 내 삶을 위협하는 문제라면 더 큰 문제로 확산되지 않도록 방지해야 한다. 우리는 더 이상 상황으로부터 고민에 시달리며 내 자신이 흔들리게 놔두어서는 안 된다. 행복해야 할 시간조차 부족하다. 우리는 소중한 존재이기 때문이다.

그렇기 때문에 앞서 말한 거와 같이 몰입의 대상을 찾아 에너지를 사용해야 한다. 몰입할 대상을 찾으려면 에너지의 전위가 일어난다. 에너지의 전위는 쉽게 말해 에너지 방향을 완전히 뒤트는 것을 말한다. 에너지의 전위로 인해 어떠한 대상에 몰입과 집중을 했을 때 우리 몸에서는 긍정적인 신호와 반응들이 일어난다. 생각이 분명해지고 보는 것이 선명해지며 명철하고 지혜로운 결정을 하게 될 확률이 높다.

나 같은 경우 인간관계의 위기를 겪으며 처음에는 부정적 관계와 상황에만 매몰되어 있었다. 그러다 보니 다른 일들을 해낼 수 없었고 하루하루 삶이 피폐해져갔다. 그런 부정적인 생각이 들 때마다 내가 할 수 있는 것은 다른 무언가에 몰두하는 것이었다. 사실 몰입할 힘도 역부족했지만 젖 먹던 힘을 다해 글쓰는 것에 집중했다. 그렇게 일주일을 반복하자 가정에 대해서도 객관적으로 볼 수 있는 힘이 생겨나기 시작했다.

내 일에 몰두할수록 문제들이 객관화되고 상황을 보는 힘이 유연해졌다. 그리고 위기가 새로운 인생의 가능성으로 보이기 시작했다. 그러자 무거웠던 몸이 가벼워졌고 생각의 짐들 또한 다른 일에 대한 몰입을 통해 자연스레 내려놓게 됐다. 그리고 그제서야 나는 내 일상적인 삶을 살아갈 수 있는 기초 체력을 만들 수 있었다.

우선순위를 정립하자

몰입할 대상을 선택할 때에는 우선순위로 리스트를 나열해야 한다. '지금 내게 가장 중요한 일은 무엇인가?' '지금 내가 가장 잘할 수 있는 일은 무엇인가?' '지금 내가 가장 하길 원하는 것은 무엇인가?'라고 스스로에게 질문을 던져야 한다.

우선순위를 정할 때에는 지금 내가 어려운 상황에 처한 것을 먼저 인식, 수용하는 자세가 필요하다. 장시간 마라톤을 달리기 위해 현재 내가 아픈 곳은 없는지, 몸이 불편한 곳은 없는지 확인을 한 후 뛰는 것이 중요한 것처럼 말이다. 수용은 쉽지 않은 일이다. 아픔과 상처를 용기 있게 스스로 치료 받으려는 자세를 말한다. 수용을 통해 우리는 자신만의 더 넓은 세계로 나아갈 수 있기 때문이다.

수용은 또한 타인의 슬픔과 고통의 의미가 무엇인지도 담아낼 수 있어야 한다. 그러나 이러한 실천은 자기 몸부림을 통해 이뤄낼 수 있다. 자기를 부인하는 몸부림 없이 진정한 수용은 나오지 못한다. 수용, 즉 받아들인다는 것에 대한 결과는 마땅히 나에게 축복으로 돌아온다. 그리고 진정한 축복은 내가 반드시 해야 할 일, 내가 꼭 책임져야 할 일들과 같이 중요한 일들에 대한 실천력을 높인다. 동시에 내 영역에 대한 울타리를 분명히 지켜낼 수 있는 것도 뒤따른다.

계속해서 언급하는 수용이라는 것이 절대 쉬운 일은 아니다. 그러나 이것이 나를 스스로 축복해주는 일인 것임을 기억해야 한다. 왜냐하면 받아들임으로써 우리는 포기가 아닌 영혼이 한 차원 높은 성숙의 길로 가는 관문에 들어가기 때문이다. 즉 받아들임은 믿음 없이는 이루어질 수 없고 강건한 믿음이 있어야만 상황, 사람, 예측할 수 없는 일들을 인내할 수 있게 된다. 마치 노아가 홍수를 대비해 노아의 방주를 만들었던 것처럼 말이다.

내가 처한 상황을 잘 수용한 후 우선순위대로 하나하나 실천해나가면 된다. 이러한 방법은 단순히 우선순위 리스트에 완수한 일을 체크하는 것보다 더욱 효율적인 단계다. 그 과정에는 먼저 큰 픽처(인생에서 가장 큰 그림)를 그리고 세부적인 목표와 계획을 하나둘 씩 세워 나아간다. 즉 큰일을 먼저 하라는 것이다. 데일 카네기는 우선순위에 대해 '큰일을 먼저 하라, 작은 일은 저절로 처리될 것이다'라고 말했다.

스티븐 코비 박사는 재밌는 실험을 했다. 빈 병에 큰 돌, 작은 돌, 자갈, 모래 모두를 어떻게 다 채우는지에 대한 실험이었다. 정답은 간단했다. 우선 큰 돌을 채우고 그리고 작은 돌, 자갈 마지막으로 모래를 넣어야지만 빈 병을 다 채울 수 있었다. 성공한 사람들의 특징은 우선순위대로 행동한다는 것이다. 스티브 잡스 또한 시간 관리 방법의 비결을 우선순위로 꼽았다.

차단의 법칙에서도 동일하게 적용된다. 크고 중요한 일을 먼저 처리하는 습관을 들여 불필요한 잡념에 휘말리지 않게 해야 한다.

1. 지금 내게 가장 중요한 일은 무엇인가?

_____

_____

2. 지금 내가 가장 잘할 수 있는 일은 무엇인가?

_____

_____

3. 지금 내가 가장 원하는 일은 무엇인가?

_____

_____

4. 내가 가지고 있는 처음이자 마지막 재능은 무엇인가?

_____

_____

5. 오늘이 마지막이라면 나는 어떠한 업적을 기적을 남기고 싶은가?

6. 그리고 내가 해야 끝내야 할 일들은 무엇인가?

매일 저녁 잠자기 전, 노트나 일기장에 자신이 다음 날 해야할 우선순위 리스트를 나열한다. 그리고 그 문장을 자기 내면에 집어넣은 후 우선순위 리스트를 보며 내 삶을 마치 몰입하듯 집중한다.

원하는 페르소나를 만들자

자아란 무엇일까? 자아(ego)란 현실 속에서 자신의 목소리와 정체성을 찾아 나의 본 속성을 알아가는 주체다. 사람들은 죽기 전까지 자신의 자아실현을 위해 꿈꾸고 살아간다. 그리고 자신의 자아란 어떠한 모습인지 알기를 원한다. 자아실현은 인간의 기본적인 욕구다. 매슬로의 욕구 이론에서도 제5단계에서 자아실현 욕구(Self-Actualization needs)를 언급하는데 이는 인간으로서 자신의 잠재력과 원하는 이상을 실현하고 싶은 욕구와 갈망을 말한다.

여기서 나는 자아를 페르소나와 연관시켰다. 페르소나를 나의 자화상이라고 정의 내렸다. 그렇다면 자아와 페르소나 그리고 차단은 무슨 연관성이 있을까?

정답은 자신이 원하는 페르소나를 만들기 위해 차단을 실행하는 것이다. 내가 되고 싶은 사람, 내가 되고 싶은 인물의 모습을 구체적으로 심상에 그려 넣는다. 당신은 어떠한 사람이 되고 싶은가? 어떠한 모습의 사람이 당신이 원하는 미래인가? 어떠한 사람이 된다면 행복하다고 느끼겠는가? 어떠한 옷을 입었을 때 나다운가?

차단해야 하는 온전한 이유를 성립하기 위해 당신이 입고 싶은 옷을 입어보는 모습을 상상해보자. 어쩌면 그때그때마다 상황에 따라 다른 색깔과 패턴의 옷을 입을 수도 있다. 그러나 분명한 것은 내가 되고 싶은 사람의 형상이다. 그 형상을 빚는 선택권과 능력은 나에게 있다. 신은 우리에게 그러한 능력을 같이 부어주셨다.

내 경우 슈퍼우먼(Super Women)을 생각해보았다. 나 자신에 대한 나약한 생각이 들 때 이렇게 마음속으로 외쳤다. '나는 슈퍼우먼이야. 뭐든지 잘하고 맡겨진 일은 모두 다 해내는 슈퍼우먼이야'라고 말이다. 나는 내가 되고 싶은 형상을 생각하며 스스로에게 최면을 걸었다. 슈퍼우먼은 내가 되고 싶은 자화상이자 자아실현의 모습이었다. 결국 페르소나는 내가 진정 되고자 하는 심상과 연결된다.

그 후 마음에 되고자 하는 인물 이미지를 구체적으로 그린다. 아직 내가 그 페르소나처럼 살고 있지는 않더라도 '난 언젠가 그렇게 될 거야', '곧 그게 내 모습이고 삶이야'라고 확언하며 나아간다. 여기서 확언의 메시지가 내 기운을 바꾸고 생각을 변화시킨다. 현실적으로 아직 분명하진 않지만 이뤄질 것이라는 확신을 가지고 현재에 이미 이뤄진 것처럼 행동하고 바라보는 것이다.

그럴 때 우리 안에 용기가 생기고 울려 퍼지는 소음을 향해 잠시 차단할 수 있는 담대함이 생긴다.

자기를 유심히 관찰할 것

이상적인 페르소나를 만들기 위해서는 우선 자기 관찰이 필요하다. 자기 관찰은 곧 자기인식이다. 자기인식이 높은 사람은 성숙한 관계를 만들어간다. 자기 자신을 잘 알기 때문에 남들에 대한 분별 또한 빠르게 캐치한다. 그러므로 자기 관찰은 자기를 얼마 만큼이나 인식하고 자신을 분석할 줄 아느냐에 따라 스스로를 보는 시야가 달라진다. 자신을 보는 시야는 결국 세상을 보는 세계관과도 연결된다. 그리고 자신을 보는 것은 자기 알아차림이다.

남이 말하는 자신보다 자기 스스로가 보는 자신의 모습을 더욱 신뢰하고 삶을 잘 해석할 줄 알아야 한다. '내가 무엇을 잘할까?', '나는 무엇에 관심이 있을까?', '내가 가지고 있는 재능 중 가장 탁월한 것은 무엇인가?'라고 질문해볼 수 있다. 나를 바라보는 시각의 초점은 다른 사람이 아닌 나로부터 출발해야 한다.

즉, 'only my way'를 가기 위해서는 자신을 먼저 아는 것이 중요하다. 진정한 마이웨이를 거닐 때 나에게 해가 되는 에너지들을 차단할 수 있고 부정적 에너지를 긍정적으로 내러티브화할 수 있는 능력을 쌓게 된다. 이러한 과정을 통해 고유하고 진정한 자기 독립체를 만나게 되어 자기감(sens of self)을 높일 수 있게 된다.

소크라테스 또한 '너 자신을 알라'고 말했다. 이는 자신의 영혼을 돌아보라는 것을 의미한다. 영혼의 돌봄을 상실하면 인생의 의미를 상실한다. 마치 목자가 양을 다루듯 순하게 내 영혼을 다루어야 한다. 양(나의 영혼)은 목자(나의 의식의 주인)의 음성을 따라 잘 따라가고 목자는 양에게 먹이를 주며 잘 보살펴야 한다.

어떠한 가면을 쓸 것인가

융에 따르면, 사람은 천 개의 페르소나 즉 가면을 지니고 있어서 상황에 따라서 그 가면을 쓰고 관계를 맺는다고 말한다. 가상의 나, 사람들이 보는 내가 있고, 보이고 싶은 내가 있다. 이를 집단에서는 역할이라고 부른다.

어떠한 내가 되고 싶은가? 또한 사람들에게 당신은 어떻게 비춰지고 싶은가? 나 역시도 되고 싶은 내가 있고 남들에게 이렇게 비춰졌으면 하는 내 모습이 있다. 무엇이 옳은 것인지는 여전히 모르겠지만 나는 수많은 가면을 쓰고 살아가고 있다.

너무 많은 가면은 때로는 우리를 혼란스럽게 만든다. 상황에 맞는 적절한 가면을 써야 하는 융통성이 필요할 때도 있다. 그러나 그 가면은 거짓된 자아여서는 안 된다. 나를 속이고 남을 속이는 가면은 결국 나를 불행하게 만든다. 또한 계속 가면 쓰기만을 고집해서는 진짜 나를 보지 못해 인격의 전체성이 깨지게 된다. 고로 균형 잡힌 나로 나에게 어울리는 가면을 쓰고 살아가야 한다. 차단하고 싶은가? 타인의 가면을 벗고 진정한 내 얼굴을 써라! 가면은 우리의 민낯을 그대로 들어낼 수 있는 용기를 줄 수 있다.

나 같은 경우, 출산 후 갑작스런 산후우울, 대인공포, 공황이 찾아오자 집 밖에 나가는 것이 두려워 상황을 피하고만 싶었다. 그러나 계속 그렇게 살 수는 없었다. 이러다가는 영영 아이와 함께 밖에 나가지 못할까 봐 두려웠다. 내가 선택한 방법은 가면을 쓰는 것이었다. 고통이 찾아왔을 때 '나는 훌륭한 가족을 두고 있어!', '나는 멋진 엄마야'라며 일종의 최면을 걸었다. 그 최면은 나의 연약함을 강인함으로 변화시켰다. 내 상황을 수치스럽게 여겼던 것을 후회했다. 오히려 지금은 당당하게 아이와 함께 외출을 한다.

당시 나에게는 좋은 엄마, 좋은 아내라는 가면이 필요했다. 하지만 나는 그 이전에 나로서 자립하고 당당할 수 있는 가면을 썼다. 그러자 좋은 엄마가 될 수 있다는 자신감을 얻었다.

균형 잡힌 삶을 살자

그렇다면 또다시 묻고 싶다. 균형 잡힌 삶이란 무엇일까? 많은 대답과 철학이 있겠지만, 나는 영적인 상태를 잘 보살피는 것이라고 생각한다.

눈에 보이지 않는 영적인 상태를 보살피는 게 균형 잡힌 것이라는 반문을 할 수 있겠지만, 사람은 영과 혼과 육으로 존재하고 있으며 영을 살피는 것은 내 보이지 않는 정신 건강과 상태를 돌아보는 것이다. 보이지 않는 영역을 잘 볼 수 있을 때 비로소 진짜 볼 수 있는 영역에서 승리할 수 있기 때문이다. 다시 말해 내 영적인 상태를 관리함으로써 삶의 부담감을 덜어버리고 알맞은 속도를 찾는 것이다. 균형 잡힌 삶을 살아가는 것은 나를 행복하게 하는 지름길이다. 이는 생존의 욕구다.

《목적이 이끄는 삶》을 쓴 릭 워렌은 우리의 균형 잡힌 삶을 5종 경기에 비유하고 있다. 사격, 펜싱, 승마, 육상, 수영 다섯 가지 종목으로 이루어진 5종 경기가 우리의 삶의 다섯 가지 목적으로 이루어진 것과 같다고 말한다. 그리고 그 다섯 가지는 서로 균형을 이뤄야 한다고 강조한다.

균형을 잡는 데 있어 가장 중요한 것은 중심 추를 어디다 놓느냐는 것이다. 추의 중심을 잘 잡아야 한다. 그래야 좌로나 우로나 치우치지 않을 수 있다. 시소가 서로 잘 내려갔다 올라갔다 할 수 있는 것은 중심점이 있어야 할 곳에 위치해 있기 때문이다. 균형을 잘 맞추다 보면 볼 수 있는 것을 선명하고 명확하게 볼 수 있다. 또한 힘을 주고 힘을 빼는 방법을 몸이 기억하게 된다.

우리의 마음 중심, 삶의 중심 역시 그러하다. 균형 잡힌 삶은 안정감, 소속감을 가져다준다. 오늘부터 당신과 나는 함께 균형 잡힌 아름다운 삶을 살 준비가 되었다. 이미 당신은 최고의 멋진 삶을 살고 있으니까.

1. 나의 강점은 무엇인가?

2. 내가 잘하는 일들은 무엇인가?

3. 반면, 내가 잘하지 못하는 일들은 무엇인가?

4. 타인이 말하는 내가 잘하는 것은 무엇인가?

5. 나는 무엇을 할 때 가장 즐거운가?

최고의 인생 각본 만들기

삶은 대화들의 집합체이자 연속이다. 어떤 말을 하느냐에 따라 그 사람의 인생이 달라진다. 매일같이 '나는 실패할거야, 나는 못났어'라고 말하는 사람과 '나는 어떻게든 성공할거야, 나는 성공해서 이웃을 구제하는 사람이 될 거야' 하는 사람의 차이는 무엇일까? 그것은 생각이 아닌 바로 언어다. 언어는 그만큼 중요하다. 사용하는 언어에 따라서 인생의 지도가 달라진다.

다음과 같은 이야기를 한 이유는 이번 장에서 우리는 자신의 시나리오를 쓰는 방법을 배워볼 것이기 때문이다.

사람은 자신의 각본대로 인생을 살아간다. 원하든 원하지 않든 우리에게는 각자의 각본이 있다. 어떤 사람은 세상에 영향력을 미치는 주인공으로 인생 각본을 써내려가지만, 어떤 이는 술주정뱅이, 도박꾼처럼 비참한 인생을 살아가곤 한다. 그러나 참으로 다행인 것은 잘못 가는 각본도 수정과 보완이 가능하다는 것이다. 그럼 무엇에 달려 있냐? 바로 우리 스스로가 쓰고 싶은 각본의 행동을 실질적으로 행했을 때, 다시 말해 아직 과정 중이지만 믿음으로 결과를 바라보고 행동을 실현했을 때 가능하다. 그리고 최고의 인생 각본을 만드는 것이 우리 삶의 불필요한 것들을 차단하는 데 중요한 지표 중 하나라는 사실이다.

시나리오는 심리과학이라고 볼 수도 있다. 그만큼 인간의 마음을 잘 이해하고 분석해 행동을 유추해나가는 것이다. 우리의 삶도 그러하다. 바로 이런 시나리오 프레임에 둘러싸여 삶의 계단을 하나씩 밟아 나아가고 있다. 그리고 나 자신이 스스로의 삶을 어떻게 유추해 나가느냐에 따라서 우리의 열매는 좌지우지 된다. 내가 쓴 각본의 주인공은 나이며 주인공의 삶을 그려내는 몫은 그 글을 쓰는 우리 본인에게 달려 있다.

뜻대로 되지 않는다면 의도된 상황을 구성하자

각본은 철저한 인물 관계와 의도된 상황으로 구성되어 있다. 인물이 행동하는 것에는 분명한 목적이 있으며 그의 말과 행동, 생각에 따라 수많은 상황들이 연출된다.

우리는 목적을 두고 행동, 생각, 말 등 상황을 연출할 수 있다. 만약 내가 유명한 작가가 되는 것이 내 인생 각본 중 하나라면, 오늘부터 유명한 작가가 되는 방법을 연구해 그와 비슷한 말, 생각, 행동 지침을 하나씩 쌓아나가도록 한다.

절망에 빠진 상황이라면, 우린 우리 인생의 대본을 다시 써야 할 것이다. 따라서 그 각본 안에 들어가는 사람들과의 관계 또한 새로이 정립되게 된다.

영화를 만들기 위해서는 카메라, 조명, 사운드 등 매우 세부적인 상황까지도 연출을 해야 한다. 우리가 삶을 완성하는 방법도 이와 같다. 부정에서 긍정으로 삶의 질을 끌어 올리려면 처음 시작 단계에서 우리는 억지로라도 마치 영화나 드라마를 찍는 것처럼 연출이 필요하다. 남에게 보이는 연출이 아닌 자연적으로 삶의 변화가 찾아오게끔 하는 내러티브적 연출을 말이다.

예를 들어, 현재 당신이 아주 어려운 일을 겪고 있다고 가정해 보자. 부정적인 생각들은 계속 떠오르고 삶의 균형이 점점 깨진다. 무엇을 해도 집중이 되지 않는다. 하려고 하는 일마다 브레이크가 걸려서 아무런 일도 추진할 수 없을 지경이다. 그럴 때 필요한 것이 내 대본을 다시 짜는 것이다. 비록 어려울지라도 '그럼에도 불구하고'를 앞에 붙이며 앞으로 살아갈 긍정적 확언의 대본을 써내려 나가는 것이 필요하다.

더불어 각본 안에 들어 있는 대사들을 고쳐 나가는 것 또한 우리 삶을 수정하는 기술이다. 대사를 한꺼번에 고치긴 어려울지라도 조금씩 대사 안에 있는 감정과 언어들을 수정해 삶에 적극적으로 반영시킨다. 예전에는 '어떻게 내가 할 수 있겠어'라는 대사를 '앞으로 난 이 일을 해낼 수 있는 충분한 잠재력이 있어'라고 사람들과 자신 스스로에게 말한다. 이러한 대사들이 모여 삶의 각본을 형성하게 된다. 그 각본은 당신의 정체성과 캐릭터를 말해준다.

그러므로 먼저 당신 스스로가 되려는 정체성과 캐릭터를 단단히 만들어야 한다. 시간과 환경에 의해 자연적으로 형성되는 것도 있겠지만 보다 더 나은 미래를 위해 긍정적인 방향으로 정체성과 캐릭터를 설정해야 한다.

그렇다면 캐릭터 설정은 어떻게 해야 할까? 내가 되려 하는 인물을 구체화해야 한다. 여기서 말하는 구체화란 디테일하게 상상하는 것을 말한다. 우리는 앞에서부터 계속 차단의 법칙, 더 나은 삶을 위해 효율적인 차단의 방법에 대해서 이야기해왔다. 그리고 차단을 위해 최고의 각본을 쓰라고 강조하고 있다. 각본에는 다양한 캐릭터들이 있다. 캐릭터는 한마디로 우리의 성격을 포함하고 있지만 더 나아가 우리의 인격까지도 내포한다.

우리는 우리가 되려는 각본 속 캐릭터들의 요소들을 우리 삶에 반영해볼 수 있다. 예를 들어, 성공한 CEO가 되는 각본을 쓰려면, 그 CEO의 캐릭터들을 내가 가지고 올 수 있어야 한다. 그렇다면 성공한 CEO들의 캐릭터는 공통적으로 무엇인가? 라는 질문을 던져보아야 한다.

─ Question & Work ───────────────────────

1. 내 인생의 각본(시나리오)

◇ 서론(삶의 1막)

_____

_____

◇ 본론(삶의 2막)

_____

_____

◇ 결론(삶의 3막)

_____

_____

3장

나를 보호하고 모든 관계를 유지하기

오감을 컨트롤하자

차단-심리적 거리 두기를 위해 우리는 차단의 대상으로부터 흘러들어오는 오감을 분별해야 한다. 오감을 차단한다는 것은 정보에 대해 방어막을 친다는 것이다. 사람은 오감을 통해 정보를 인식한다. 이 과정을 통해 느끼고, 생각하고, 판단한다. 신경 언어 프로그래밍인 NLP 이론에 따르면, 사람은 오감을 통해 경험하고 의식적·무의식적이든 외부의 정보를 흡수한 후 행동한다고 한다.

차단해야 하는 건 비단 오감뿐만이 아니다. 더 나아가 여기서는 비언어적인 것들이 주는 요소들도 방어해야 한다. 비언어적인 것이라면 대상이 주는 비언어적 메시지나 아우라, 에너지를 가리킨다. 비언어가 주는 표현이 언어가 주는 메시지보다 더욱 크며 이에 해당하는 태도, 눈빛, 표정 등이 55%의 영향력을 가지고 있다. 반면 언어가 대화에서 영향력을 차지하는 비중은 단 7%에 불과하다.

먼저 시각의 영역부터 보자. 시각은 눈으로 보는 것이기 때문에 정보의 70~80%를 차지한다. 시각을 통한 정보는 직관적으로 우리의 뇌로 바로 흡수된다. 빛의 속도로 사람이 느낄 수 있는 오감 중 하나다. 그러나 시각을 차단하는 것은 어떤 대상이나 상황을 완전히 끊어내는 작업을 뜻한다. 거리를 두는 것 이상으로 완전한 펜스를 치는 것이다. 보지 않으면 마음에서도 멀어진다는 말이 있지 않은가. 해로운 것으로부터 시각을 먼저 분리할 때 차단-심리적 거리 두기의 힘이 발생하기 시작한다.

청각 또한 마찬가지로 예민한 감각기관이다. 예를 들어, 나쁜 소문으로 화가 나고 감정을 컨트롤할 수 없는 것은 청각에 의해 정보가 받아들여졌기 때문이다. 듣는 것만으로도 우리의 감정은 약해지고 상하기 마련이다. 싸우면서 우리는 그 사람의 표정과 비언어적인 것을 보고도 화가 나지만, 귀를 통해 들리는 그 음성으로 인해 주체할 수 없는 지경까지 이르게 된다. 그러므로 주의 깊게 분별해서 들어야 한다. 듣지 말아야 할 것, 들어서 해가 되는 것은 애초에 차단해야 한다.

깊은 갈등 관계에 놓여있는 경우라면, 서로의 공간을 확보하기 위해 잠시 동안 보는 것을 멈추는 것도 좋은 방법이다. 내 경우 남편과의 거리 유지를 통해 마음과 감정을 다스리는 연습을 했다. 감정이 정리되지 않은 상태에서 마주하게 된다면 서로에 대한 불같은 분노의 감정들이 올라와서 마음을 상하게 하기 때문이다. 결국 내가 내 감정을 다스릴 수 있는 유일한 방법은 내 감정과 생각을 흐트러뜨리는 것들에 대해 오감을 다스리는 일이었다. 그러자 나는 다시 나의 일상을 찾아갈 수 있는 힘을 가질 수 있었다. 남편 역시 자신의 인생에 보다 먼저 충실할 수 있게 되었다.

감정을 제어하는 것

차단은 의지와 연관성이 있다. 의지는 차단하고 컨트롤해야만 작동되는 감정이자 인격체다. 그러한 의지를 갖는 것이 쉬운 일은 아니지만, 인간 누구에게나 의지라는 감정이 심어져 있다. 단지 그것을 무시하고 의지를 작동시키지 않을 뿐이다. 마치 기계처럼 스타트 버튼을 누르고 작동할 수 있도록 각 부품을 정비해야 잘 돌아가는 것과 같다.

《신앙감정론》에서 조나단 에드워즈는 의지와 감정은 두 개로 분리되는 기능이 아니라고 강조한다. 감정을 의지와 구분할 수 없다고 한다. 또한 감정은 의지와 성향 모두 왕성하게 활동하는 것에 사용된다고 한다. 감정을 제어하는 것은 우리의 뇌와 몸 신체를 제어하는 것과 직결된다. 이 둘은 서로를 향해 반응하기 때문이다.

오감을 차단하는 것은 결국 우리의 감정을 통제하기 위한 실천이다. 앞서 말했듯이, 인간관계의 갈등을 겪으며 내가 더 이상 거기에 영향 받지 않기 위해서는 그로부터 오는 오감을 분별하는 일이었다. 상대로부터 오는 메시지를 보고, 나쁜 소리를 듣고, 느끼고 하는 것을 차단하니 부정적 에너지가 내게로 도달하지 않았다. 자연적으로 감정 통제가 보다 자유로워졌다. 확실히 차단할 때 통제는 자동적으로 이루어진다.

에드워즈에 따르면, 감정을 시험하는 것은 믿음을 시험하는 것이라고 말한다. 다시 말해 감정에 치우치지 않아야만 자신의 믿음 또한 강건하게 지켜낼 수 있다는 것이다. 나 또한 일련의 고통스러운 경험과 과정을 통해 얻어낸 것은 믿음이었다. 나에 대한 믿음, 그리고 온전한 가족에 대한 믿음이었다. 가족의 중요성에 대한 새로운 통찰과 믿음을 갖게 되었다. 이는 바로 남편에 대한 부정적 감정에 갇혀 있지 않았을 때 생겨난 기적과도 같았다. 만약 내가 계속 갈등 관계가 가져다주는 이유를 상대에게서 찾으려고 그를 붙잡고 있었다면 가정에 대한 더 큰 소망과 믿음을 소유하지 못한 채 그 기회를 잃어버렸을 것이다. 뿐만 아니라 일상생활에 집중하지 못했을 것이다.

생각해보면 이 세상에서 가장 어려운 일 중 하나는 바로 관계다. 그러나 지혜롭게 관계를 맺을 수 있는 방법이 있다. 그것은 바로 거짓 감정으로부터 속지 않는 것이다. 극단적으로 말하자면 나를 힘들게 하는 그 사람과의 관계에서 진실한 생각과 감정을 알아차리는 것이다. 그래야 당신은 온전히 당신의 길을 갈 수 있다. 지금 당장 결과물이 아름답진 않더라도 몇 년 후 당신은 '그래, 그때 내가 그 사람과 부정적인 관계를 정리하길 잘했어'라며 스스로를 칭찬하는 날이 올 것이다.

제7의 감각

차단은 인생의 진정한 몰입을 위해 거쳐 가는 과정이자 단계다. 이 책에서는 차단을 주제로 말하고 있지만 단순히 'block'처럼 완전한 방어벽만이 우리의 목적이 아님을 알아야 한다. 잠시 차단의 목적에 대해 짚고 넘어가자면, 첫째, 우리가 원하는 것을 얻는 것이다. 둘째, 잠시 쉼과 멈춤을 통해 나를 회복해가는 것이다. 세 번째, 몰입의 단계로 들어가는 것이다. 자, 이번에도 차단할 준비가 되었는가?

이번 장에서 소개할 차단의 방법은 제7의 감각을 사용하는 것이다. 오감, 육감을 넘어서 그리고 7의 감각은 바로 '영성이 담긴 직관 능력'이다. CEO들에게 있는 강점 중 하나가 바로 이 직관 능력이라고 한다. 그들은 경험에 의해 쌓인 노하우를 토대로 출중한 직관 능력을 가지고 있으며, 의사결정에서 대부분 이 직관 능력을 사용한다고 알려져 있다. 직관은 단순히 feel이 꽂히는 것이 아닌 경험적 데이터들을 바탕으로 순간 몰려오는 feel 이상을 초월한 상태를 말한다.

오프라 윈프리는 이렇게 말했나. "나는 내 직관대로 일한다. 겉으로 보아 아무리 불가능해 보여도 하고 싶으면 하고, 확률적으로 가능성이 높아도 하기 싫으면 하지 않는다." 미국 전 대통령 아브라함 링컨 역시 "중요한 결정은 전문가의 책이 아니라 내 직관으로 한다"고 말했다.

당신은 어떤 능력을 사용하고 있는가? 몰입을 위해 그리고 부정적 신호를 차단하기 위해 직관력을 키우는 것은 당신 안에 숨어 있는 큰 거인을 발견하는 것과 같다. 이 큰 거인은 바로 나의 내면을 가리킨다. 따라서 직관력을 사용하면 자신에 대한 통제력이 높아진다고 한다. 즉, 내 내면의 목소리를 듣고 따라가기 때문에 용기가 생기고 자신이 결정한 선택에 대해서 책임을 질 수 있는 확률도 더욱 높아진다.

스티브 잡스는 이와 관련해 이런 말을 남겼다. "인간의 시간은 제한되어 있으므로, 다른 사람의 삶을 살기 위해 시간을 낭비하지 마라. 다른 사람들의 사고에 휘둘리는, 그런 교리에 얽매이지 마라. 다른 사람들의 의견들이 내는 소음이, 자신의 내면의 목소리를 침묵시키지 않도록 하라. 가장 중요한 것은, 바로 당신의 마음과 직감을 따르면서, 용기를 얻는 것이다."

직관력이 뛰어난 사람일수록 내면의 목소리에 귀를 기울인다. 바깥 소음이 아닌 내 마음 안에서 울리는 소리에 더 집중하는 것이다.

1. 나의 오감 중, 내가 절제해야 할 감각기관은 어디인가?

_____

2. 현재 나는 어떠한 감정인가? 지금-여기에서 생각해보자.

_____

3. 현재 A라는 감정에서 나는 어떠한 감정으로의 변화를 원하는가? 그리고 그것은 나에게 무엇을 의미하는가?

_____

4. 내 감정이 향하는 방향과 목적은 어디인가?

_____

5. 나의 오감이 현재 말하고 있는 메시지는 무엇인가? (사람 그리기 몸, 다리, 팔을 포함한)

_____

끊임없이 배우고 공부해야 하는 이유

차단과 끊임없이 배우고 공부하는 것은 무슨 상관이 있을까? 공부와 배움을 통해 차단의 기술을 어떻게 습득할 수 있을까?

사람들은 배움을 통해 성장한다. 또 다른 성장과 성숙의 번영을 위해서 배우는 것은 매우 중요하다. 심지어 성경에서도 지식이 없으면 패망한다고 했다. 다시 말해 이는 모르면 해가 될 수도 있다는 것이다. 관계에서도 마찬가지로 우리는 상대방을 배려하기 위해 알아야 할 것들이 너무나 많다. 배워서 잃을 것은 전혀 없다.

이 장에서 말하고자 하는 것은 배움을 통해 불필요한 생각과 에너지를 차단하고 현재 내 상황의 반경을 넓혀야 한다는 점이다. 기존의 내 삶의 반경이 1에서 3까지였다면, 배움을 통해 1에서 5, 1에서 8까지의 변화 및 성장의 범위를 확장해보는 것이다.

배우면 몸의 에너지가 활성화된다. 사람들이 몸과 마음의 에너지를 활성화하기 위해 늘 고수해오던 방식은 운동이었다. 운동이 삶의 존속을 위한 방법인 것은 확실하다. 운동을 통해 정신력도 강화되고 좋은 에너지를 가질 수 있다. 반면 무언가를 배운다는 것은 성숙한 삶으로 가기 위한 방법으로 일종의 운동과 같은 요소를 많이 내포한다고 볼 수 있다. 공부하면 엔도르핀이 솟는다.

우리는 결핍을 메우려 배우는 것이 아니다. 우리는 지식과 지혜를 나누는 데 배움의 목적을 두어야 한다. 또한 배움은 사명과 연결되어야 한다. 그래야 오래간다.

부정적 에너지를 차단하고 싶은가? 들려오는 잡음과 소음들을 차단하고 싶은가? 그렇다면 지금 당장 배움에 몰입하라! 지금 당장 당신이 공부해야 할 영역을 발견하고 탐구하라!

공부는 당신의 에너지의 흐름을 바꾸어줄 것이다. 즉 생각의 전환을 통해 지혜로운 선택을 할 수 있도록 도와줄 것이다. 배움은 통찰을 가르치기 때문이다. 배움은 나를 위한 끝없는 선물이다. 그렇기 때문에 나를 위해 시작한 공부가 타인에게 도움이 되고, 타인을 위해 시작한 공부로 나를 알아차리게 한다.

사고를 확장하자

나는 결혼한 이후 행복을 누리려는 순간 불청객처럼 찾아온 스트레스로 심리적 압박감을 받았다. 게다가 뇌에 종양이 있다는 의사의 진단으로 '아무것도 할 수 없어', '내가 과연 살아낼 수 있을까?' 라는 생각만 되뇌었다. 나는 무덤 속에서 모든 친밀한 관계들과 차단되어 누워 있었다. 내가 무덤 속에서 할 수 있는 것은 무엇이었을까? 사실 할 수 있는 것은 아무것도 없었다. 그때 아기가 "엄마, 울지마, 웃어" 라는 한마디에 내 정신이 번쩍 살아났다.

그 후로부터 나는 진짜 차단해야 할 것들을 차단하기 시작했다. 그리고 가장 소중한 것들에 몰입했다. '더 이상 이렇게 살 수는 없겠다!'라는 생각이 들었고 나는 내가 할 수 있는 최고의 것들을 찾기 시작했다. 사람에 대한 공부, 마음 공부, 아기와 피아노 치고 놀기, 그림 그리기와 같은 소소한 행복의 일거리를 시작했다. 그러자 차츰 사고의 전환이 일어났다. 죽음에서 생명으로의 전환이었다. 나에게 있어 무덤은 깜깜한 어둠 속에서도 소명을 가지고 목적지를 향해 가도록 만들었다.

차단을 가장 어려워하는 이유는 우리가 그 시간에 통제되기 때문이다. 우리 스스로 시간을 통제하고 관리할 수 있다면 불필요한 것들을 보다 쉽게 차단할 수 있게 된다. 다가오는 시간을 단순히 방어기제를 사용해 막거나 피하기보다는 그 시간이 주는 의미들을 찾아내는 것이다. 그럼, 그 시간을 갖기 위해 무엇을 하느냐는 매우 중요한 질문으로 남는다. 그 시간에 나 자신만의 강점을 찾아 최선의 것을 해야 한다. 이를 위해 차단이 필요하다.

궁극적으로 사람에게는 새롭고 지속적인 학습이 필요하다. 그 학습은 사고의 확장과 빠른 회복을 돕는다. 예를 들어 부부관계에 있어서도 결혼이란 무엇이고 부부란 무엇인지, 가정이란 어떠한 공동체인지 배운다면 가족이란 울타리를 더욱 잘 지킬 수 있고 삶의 질 또한 높아질 것이다. 또한 사람에 대해 배운다면 상황에 휘둘리거나 감정적으로 반응하지 않으며 그 사람이 말하는 의도를 잘 파악할 수 있어 객관적으로 상황을 분석할 수 있는 힘이 생긴다. 배움은 우리에게 적어도 마이너스는 되지 않고 득이 된다.

대표적으로 배움을 통해 우리는 수용의 폭을 넓힐 수 있다. 여기서 말하는 수용은 사물과 상황을 이해하는 시야를 말한다. 예전에는 1에서 3까지의 거리밖에 시야에 들어오지 않았다면, 배움을 통해 1에서 10까지 상황과 사람을 이해하고 볼 수 있는 수용의 단계에 들어가게 된다. 진정한 배움은 머리 사이즈와 가방 끈을 늘리는 것이 아니다. 오히려 내 인격을 성숙하게 만드는 과정이다. 그것이 자기 알아차림이다.

성장하는 것을 습관화하자

성장하는 것은 때론 고통과 두려움이 따른다. 예전보다 발전한다는 것은 규모의 문제가 아닌 깊이와 성숙의 문제다. 성장하는 과정 중에는 변화가 따른다. 변화한다는 것은 자기 확신으로 부터 출발할 수 있다. 동시에 불필요하고 지나친 자기 확신(자기 오만)을 버려야만 진정한 변화를 맞이할 수 있다.

차단하기 위해서 우리는 늘 끊임없이 성장을 추구하되 이를 습관화해야 한다. 여기서 습관이란 인내를 가리킨다. 배움에 있어서 가장 필요한 것은 인내다. 인내를 연단하며 배움의 최종 목적지까지 가는 것이 중요하다. 중간에 포기란 없다. 그저 묵묵히 비전을 바라보며 펼쳐진 길을 걸어가는 것이다.

또한 성공, 성장을 결과로 보지 않고 이를 과정이라 여기며 보상을 결과가 아닌 과정에서 답을 찾아야 한다. 성장을 추구하는 습관은 어떠한 과정 중에 일어나는 행위지 결과물이 아니다. 만약 당신이 오늘도 성장을 위한 무언가를 배우고 헌신했다면 습관을 지속했다는 것에 만족감을 느끼고 보상을 하는 것이 좋다.

성장의 습관을 지속해나가는 것은 일과 삶에 대한 당신의 열정으로 이어진다. 《그릿》의 저자 앤젤라 더크워스는 순간적인 열정의 강도보다 중요한 것은 시간이 흘러도 한결같은 열정의 지속성이라고 말했다. 그녀의 말처럼 꾸준한 성장의 지속성을 유지하는 일이 몸에 프로그래밍화되도록 해보자.

지금이 아니면 도대체 언제?

배움과 성장에도 타이밍이 있다고 생각한다. 내 타이밍은 이혼의 위기를 맞으며 이 글을 쓰고 있는 시기이다. 사람을 이해하기 위해 수많은 심리학 서적을 읽고 삶에 적용하며 살아갔다. 결론적으로는 나를 진술하게 돌아보고, 사람이나 상황에 대한 판단 정지를 하게 되었다. 그러다 보니 상황 더 나아가 문제의 본질도 보는 힘이 생겼다. 이전에는 상대에게만 잘못이 있다고 생각했다면, 이젠 서로가 책임이 있다는 걸 인지하게 되었다. 사람과 관계에 대해 배우면서부터 나에게 조그마한 기적적인 변화들이 일어나기 시작했다.

나는 홀로 아이를 키우게 될 수도 있을 거란 불안감에 하루하루를 잘 살아야만 했다. 아이를 양육하면서 의지를 갖고 매일 심리학책을 들여다보긴 했지만 포기하고 싶을 때마다 내 안에 이러한 말들이 떠올랐다. '너, 지금이 아니면?', '지금이 아니면, 도대체 언제? 이 모든 고통이 끝나고 난 다음에?' 이러한 불안감이 나를 엄마로써의 배움의 길로 인도했다.

현재 당신의 상황은 어떠한가? 그 일 때문에 불안한가? 초조하고 두려운가? 그럴 때일수록 지금이 아니면 언제라는 생각을 하고 살아가자! 지금이 당신이 변할 수 있는 기회고 새로운 인생을 맞이할 수 있는 기회다! 배움을 통해 앞으로 나아가자!

1. 자신이 배우고 싶은 것들에 대한 목록을 나열하라.

   (자신의 강점을 중심으로 버킷리스트처럼 나열하기)

   _____

   _____

2. 그것을 배우고 싶은 진짜 욕구는 무엇인가?

   _____

   _____

3. 배움을 통해 자신이 이루고자 하는 꿈은 무엇인가?

   _____

   _____

수용은 나를 살리는 힘

리더는 수용할 줄 알아야 한다. 리더는 타인에 대한 높은 수용성을 지녀야 한다. 그래야 다변화된 상황을 인지하고 다양한 조직 구성원들에 대해 이해할 수 있기 때문이다. 내가 다 안다는 생각을 버리고 타인의 의견을 받아들여라. '나는 모른다, 같이 모색해보자'라는 열린 사고방식으로 유연한 자세를 취해야 한다. 이러한 리더는 오래갈 뿐만 아니라 직원들로부터 인정을 받는다.

우리의 삶 또한 이러한 리더의 태도를 지니고 있어야 한다. 세상에는 우리가 수용할 수 없는 일들이 우연히 생겨난다. 그럴 때 우리의 반응은 도망치거나 아니면 직면하는 방법으로 나타난다. 당신은 어떠한가? 내 경우 피하려고 도망갔다가 다시 그 현장으로 돌아가 직면하고 본다. 그런데 직면할 때 가장 아픈 것은 상황과 사람에게 부딪친 충격이다.

예를 들어 갑자기 교통사고를 당했는데 다친 곳이 없는 것 같다고 병원에 가지 않으면 나중에 그 아픔과 통증이 더욱 몰려온다. 그러나 그는 교통사고를 분명히 당했고 티는 나지 않지만 정신적으로든 신체적으로든 충격을 받았을 것이다. 괜찮다고 고집을 피울 게 아니라 그 상황을 받아들이고 병원에 가보는 것이 그 상황을 수용하는 과정이다. 즉 수용이란 우리가 문제 해결을 하는 방법 중 하나로 객관적으로 상황을 인지하고 행동하는 것이다.

따라서 수용은 나 자신을 받아들이는 것으로부터 시작한다. 수용하면 행복함을 느끼는데 그 행복함은 바로 타인으로부터 자유로워지는 것이다. 불행은 내가 나를 속박할 때부터 시작된다. 수용하면 내면적 성숙의 깊이가 더해지고 인지하고 자각하는 깊이와 정도가 변화된다. 왜냐하면 수용은 그 상황을 직면함으로써 내 감정을 온전히 인정하는 것이기 때문이다.

우리는 자연적으로 반대되는 것에 끌리기도 하지만 나를 무시하거나 적대하는 것에 대해 완강히 거부하는 힘이 있다. 그렇게 수용하기 어려운 상태를 우리는 거부와 저항이라고 부른다. 또한 거부와 저항은 우리의 무의식에 억압되어 있다가 우연한 상황에서 표출되기도 한다.

거부의 에너지와 수용의 에너지는 다르다. 거부는 우리의 에너지를 빼앗아 가는 반면, 수용은 잠재된 긍정적인 에너지를 몰고 온다. 현재 당신은 어느 에너지에 더욱 쏠려 있는가? 수용해보자. 수용하면 당신 몸의 전체적인 근육이 릴렉스되며 가장 행복하고 편안한 정신 상태에 도달하게 될 것이다.

3초 동안, '아 그렇구나'라고 생각하기

만약 나에게 당황할 수밖에 없는 일이 생겼다면, 심호흡을 하고 잠시 3초 동안만, '아 그렇구나'라고 생각해본다. '아 당신은 그렇게 생각하는구나', '아 당신의 말은 이런 뜻이구나'라며 '그렇구나'라는 의식을 가져본다.

'아, 그렇구나'는 공감의 언어다. 공감할 수 없는 상황이더라도 그렇구나의 한마디로 당신 마음에는 공감 능력이 자리 잡힐 것이다. 공감할 때 우리의 뇌 구조는 더욱 스마트해진다. 공감 능력은 우리의 신체를 건강하게 하고 인지력과 분별력을 향상시킨다.

아이를 키우며 속상할 때도 화가 날 때도 있다. 어떤 아이는 아침마다 어린이집에 가기 싫다며 떼를 쓴다. 부모들은 아침마다 떼쓰는 아이를 보고 때로는 짜증이 날 수도 있다. 그렇다고 해서 아이한테 같이 짜증을 부려서는 안 된다. 그럴 때마다 오히려 '아, 그렇구나'라고 말해보자. '아, 지금 네가 어린이집을 가기 싫구나' 혹은 '집에서 엄마랑 같이 놀고 싶은 거구나'라고 말이다.

나도 이와 같은 방법을 써보며 아이에게 훈육을 시키자 아이는 떼를 쓰지 않기 시작했다. 아이는 엄마가 자신의 마음에 공감하는 것을 알아챘다. 그것만으로 아이에게는 큰 위로가 되었다.

'아, 그렇구나' 방법은 관계를 망가뜨리지 않는 언어다. 즉, 한 보 뒤에 물러서서 관계를 바라보는 일이다. 상대방의 감정이 막 일어나고 있는 단계에서 툭 던진 '그렇구나'의 한마디로 상대방의 화가 누그러질 수도 있다. 그러므로 이 단어는 마법의 단어와도 같다. 상황과 감정이 극적으로 변화할 수 있다. 이는 상황의 객관적 현실을 알아차리게 할 뿐만 아니라 객관적인 마음의 힘을 갖게 한다.

수용은 연민이다

연민이란 감정은 가련하게 여기는 것을 말한다. 또한 연민은 상대의 슬픔을 견디기 힘들어하는 감정이라고도 부른다. 진정한 수용은 연민으로부터 시작한다. 그것은 자기에 대한 연민일 수도 있고, 타인을 향한 감정일 수도 있다. 하지만 지나친 자기연민은 자기화에 빠질 수 있기 때문에 조심해야 한다. 또한 타인을 향한 과한 연민 또한 자기높임에 빠질 수 있기 때문에 항상 경계하며 연민을 바탕으로 한 수용의 자세를 가져야 한다.

유명 강의 테드에서 나온 취약성의 힘(the power of vulnerability)

에 대한 강의에서는 이렇게 말한다. "전심전력으로 사는 이들은 공통적으로 용기가 있는데 그것은 불완전함에 대한 용기다. 그들은 자신에 대한 연민에 바탕을 둔 타인에 대한 연민의 감정도 가지고 있다. 자기 스스로에 대한 알아차림, 수용 없이는 타인에 대한 친절한 연민의 감정도 가질 수 없다."

비폭력 대화의 창시자 마샬 로젠버그는 사람에 대한 연민만이 우리가 비폭력적인 대화를 나눌 수 있는 초석이자 이유라고 말했다. 대화를 나눌 때 폭력적인 언어를 그치고 자연스레 상대방을 향한 연민의 마음으로 돌아가 자신이 말하고자 하는 의도와 뜻을 선하게 전달하는 것이다.

1. 잠깐 멈추어 수용해야 하는 일, 세 가지를 적는다.

_____

_____

2. '아, 그렇구나'라고 할 수 있는 일(사건)을 나열한다.

_____

_____

3. 연민의 시선으로 그것들을 바라보고 깊이 묵상한다.

_____

_____

뿌리의 근원 알아차리기

마음의 뿌리는 몸과 연결되어 있고 몸의 줄기는 마음과 연결되어 있다. 웃을 때, 슬플 때 모두 마음의 뿌리로부터 나온다. 마음이 상하면 몸이 아프고, 몸이 아프면 마음 또한 연약해진다. 뿌리는 우리를 지탱하는 정신적 중심이기 때문에 잘 관리해야 한다. 즉 그 생명의 근원이 마음으로부터 나오므로 내면 관리도 철저히 해야 한다.

아이를 키우며 한 가지 배운 사실은 어렸을 때부터 이 뿌리가 만들어진다는 것이다. 나는 날마다 딸에게 축복기도를 해주곤 했다. 그러자 언젠가 딸아이가 '엄마 왜 축복기도 안 해줘?'라며 물었다. 그 아이에게는 이미 믿음과 신앙의 뿌리가 자리 잡혀가고 있었다. 이제는 기도를 해줘야지만 잠에 든다. 그만큼 뿌리를 잡는다는 것은 열매를 거두는 열쇠이자 생명의 첫 단추다.

그렇다면 뿌리는 어디로부터 출발하고 나오는 것일까? 나는 많은 고민 끝에 그 뿌리는 우리의 마음과 정신적 에너지로부터 생겨난다는 것을 밝혀냈다. 즉, 내가 무의식적으로 집중하고 있는 바로 그것이다. 예를 들어, '나는 꼭 부자가 될 거야', '나는 꼭 1000억 원의 사업가가 될 거야'라는 마음과 정신에 집중하면 뿌리는 그 잠재의식으로부터 출발해 온 우주의 에너지를 돈에 집중시킨다. 혹은 '나는 멋진 커리어우먼이 될 거야'라는 생각에 몰입하면 내가 하는 행동과 언어, 태도 모두 커리어우먼처럼 행동할 가능성이 높다. 아니, 그래야만 내가 원하는 이상향의 뿌리를 내릴 수 있다.

커리어우먼이 씨앗이라면 마치 커리어우먼과 같은 언어, 행동, 태도가 뿌리라고 할 수 있다. 그리고 열매는 커리어우먼과 같이 살고 있을 때 얻는 결과물이다. 즉, 우리는 어떤 씨앗을 뿌려 훗날 수확을 할 것인지에 대한 고민을 하는 과정이 필요하다.

쓴 뿌리를 뽑자

뿌리는 땅속에 묻혀 있어 보이지는 않지만 열매가 달린 것을 보고 우린 그 존재가 어떠한 존재인지 알게 된다. 자연에 심은 식물도 그러하듯, 우리의 마음 밭에도 똑같은 법칙이 적용된다. 우리 마음 깊숙한 곳에는 뿌리가 자리 잡혀 있다. 마음이 밭이라면 잠재의식이 뿌리고 생각은 가지, 행동은 열매다.

뿌리에는 건강한 뿌리와 건강하지 못한 뿌리가 있다. 마음 밭에 뿌린 씨앗이 건강하지 못하다면 열매 또한 오래가지 못해 시들고 말라버릴 것이다.

잠시 우리를 점검해보자. 당신 마음속에 있는 뿌리는 건강한가? 뿌리는 모든 것의 근원이다. 사람들마다 각자 뿌리의 모양과 형태는 다르지만, 공통점이 하나 있다면 바로 누구나 말하지 못할 쓴 뿌리를 갖고 있다는 점이다. 쓴 뿌리는 우리가 어렸을 적부터 혹은 성인 때부터 해결하지 못한 행동, 생각, 태도다. 일종의 습관성을 띠고 있어 나도 모르게 어떠한 상황에 직면하면 쓴 뿌리가 작동된다.

쓴 뿌리는 뽑아야 한다. 그것은 문제들로부터 해방되는 것을 뜻한다. 쓴 뿌리의 정체와 모습을 알았다면, 쓴 뿌리의 근원을 알아야 한다. 뿌리와 줄기까지 모두를 제거해야 한다. 싱싱한 열매를 맺기 위해서는 되도록 빨리 이 쓴 뿌리의 근원을 잘라 버려야 하는 것이 필요하다. 그것은 항복하는 삶이기도 하다. 항복한다는 것은 나를 알아차리는 것에 대한 완벽한 승리다.

반면 사람들은 나 스스로에게 항복한다는 것을 인정하지 않고 거부하는 반응을 가지고 있다. 쓴 뿌리를 알아차리려고 하기보다는 썩은 열매만을 따서 버리는 경우가 대부분이다. 하지만 도끼로 나무의 열매 부위가 아닌 뿌리 부분을 찍어 뽑아내야 한다. 그곳에 진정한 자유가 있다.

용서는 곧 나를 사랑하는 것

쓴 뿌리를 뽑았다면 다음 단계는 용서하는 것이다. 쓴 뿌리를 뽑게 되면 저절로 내 마음과 몸은 용서를 하게 된다.

용서하면 자유로워진다. 용서는 그리스어로 '자신을 놓아주다, 자유롭게 하다'라는 뜻을 가지고 있다. 용서를 하면 얻을 게 많아진다. 먼저는 자기 치유를 얻고 사랑의 마음을 품을 수 있다. 결코 지는 것이 아니다. 나도 이따끔 과거 나에게 상처 주는 말을 했던 사람들을 떠올려본다. 그 당시 상황과 그 말들을 떠올리면 절대 용서할 수 없어란 말이 나도 모르게 나온다. 그렇지만 내가 그 말에 얽매어 있지 않고 그사람도 그렇게 말할 사정이 있었겠지라며 생각할 때 용서라는 감정이 올라온다. 그리고 그 또는 그녀를 미워했던 감정이 수그러들면서 오히려 그 사람이 잘되면 좋겠다는 감정도 올라온다.

사도 바울은 이렇게 말한다 "여러분을 박해하는 자들을 축복하십시오. 저주하지 말고 축복해주십시오"라고 말이다. 용서는 원망과 원죄에 대한 속박으로부터 자유롭게 한다. 용서하면 평안이 찾아오는 이유다. 용서를 과학적으로 연구한 심리학 박사 프리드 러스킨도 '용서란 평온한 감정이다'라고 말했다. 바로 용서

속에 평화가 있다는 것이다. 그리고 그 후로부터는 내가 나로서 살아갈 수 있는 일들만 남았다. 오프라 윈프리는 "용서란 과거를 뒤돌아보지 않고 그저 나의 앞길을 묵묵히 나아가는 것"이라고 말했다.

그저 나를 사랑하고 내 인생에 최선을 다하는 것이 용서다. 그리고 쓴 뿌리는 그렇게 자연스럽게 살게 될 것이다.

용서를 통한 겸손

고대 그리스 아테네의 웅변가이자 외교관이었던 데마데스는 "겸손함은 아름다움의 요새다"라고 말했다. 윌리엄 셰익스피어도 "저렇게 작은 촛불이 어쩌면 이렇게 멀리까지 비쳐올까! 험악한 세상에선 착한 행동도 꼭 저렇게 빛날 거야"라며 겸손을 강조했다. 우리는 거절을 통해 더욱 더 겸손해질 수 있는 자세를 배우게 된다. 또한 겸손은 성공할 수 있는 최고의 열쇠이자 미덕이다.

쓴 뿌리를 제거하고 나면 우리에게는 앞에서 언급한 용서와 평안 말고도 겸손이란 감정이 찾아온다. 겸손은 단순히 나를 낮추는 것을 포함하는 것이 아닌, 내 존재를 인정하고 수용하는 것이다. '아 지금 내가 이렇구나', '지금 나는 이런 생각을 하고 있구나', '나는 이런 면도 있는 사람이구나'라며 나의 정체성을 다독여 주는 것이다.

　그렇다. 차단은 결코 멀리 있는 것이 아니다. 차단은 우리가 나 자신을 받아들 때 진정한 차단의 힘과 에너지를 받아들일 수 있다.

1. 내가 제거해야 할 쓴 뿌리는 무엇이 있는가?

_____

_____

2. 그 쓴 뿌리가 생겨나게 된 원인과 배경은 무엇일까?

_____

_____

3. 쓴 뿌리를 뽑았다고 상상한다면 당신의 감정과 느낌은 어떠한가?

_____

_____

내면의 동기부여

앤서니 라빈스는 "당신의 운명이 결정되는 것은 결심하는 그 순간이다"라고 말했다. 여기서 결심은 우리 스스로가 자신의 마음의 동기의 불씨를 일으키는 것이다. 만약 사람이 동물과 다른 점을 꼽으라면 바로 사람에게는 동기가 있다는 것이다. 본능적인 것을 떠나 사람은 도전감, 자신감, 자율성에 의해 동기가 유발된다. 아니, 어쩌면 자기 자신을 동기화하고 싶은 게 인간의 욕구일지도 모른다.

동기에는 내적 동기와 외적 동기가 있는데 외적 동기도 내적 동기를 유발한다. 내적 동기는 우리 모두가 필연적으로 지닌 자아실현의 과정 중 일어나는 일이다. 외적 동기는 흔히 외부적 상황에 의해서 변화하는 것을 가리킨다. 특히 상처와 고통이 있을 때 내적 동기는 더욱 살아난다. 아픔을 맞아 본 사람만이 진정한 사랑을 할 수 있듯이, 과거의 상처는 우리를 다시 일어서게 만든다.

내 마음속에서 일어나는 내적 동기는 외부의 시끄러운 소음을 차단할 수 있는 힘을 준다. 주변에서 "너는 할 수 없어", "혼자 아이 키우는 게 얼마나 힘든데"라는 말을 많이 들었다. 그러나 나에게는 아이가 지금 내 곁에 있는 것만으로도 동기가 일어났다.

살아가야 할 이유와 내가 나의 정체성을 더욱 분명히 해야 하는 이유 등 삶의 많은 영역을 아이 덕분에 이어갈 수 있게 되었다. 주변에서 하는 소리는 단지 소음이었을 뿐이다. 아이가 얼마나 부모에게 살아갈 수 있는 힘을 주는지 나는 시련과 고통을 겪으며 깨닫게 되었다.

이러한 상황 속에서 마음의 근력을 키울 수 있게 되었다. 내적 동기는 우리의 내적 근육을 강화시킨다. 단련하면 단련할수록 행동할 수 있는 힘의 원천이 된다.

꿈을 찾는 창조성 회복하기

《아티스트웨이: 나를 위한 12주간의 창조성 워크숍》에서는 창조성에 대해 이야기한다. 창조성은 누구나 가지고 있는 특별한 능력이다. 각자 창조성이 특화된 분야가 다르기도 하지만 환경을 불문하고 공통적으로 누구나 창조를 발휘할 수 있는 잠재력을 가지고 있다.

나 스스로에게 동기부여를 시키기 위해서는 먼저 창조성을 찾는 것이 중요하다. 내게 잠자고 있는 거인을 깨우는 작업이 필요하다. 그것은 우리가 우리의 꿈을 찾는 과정과도 흡사하다. 그 과정에서 우리는 창조성을 발견하고 더욱 개발해야 한다.

그러나 창조성은 적극적으로 발견해야 하는 행동이 뒤따르고 발견했으면 끊임없이 창출될 수 있도록 하는 노력이 필요하다. 먼저 창조성은 천재성과는 상관이 없다. 천재만이 창조적인 능력을 가진 것이 아니기 때문이다. 누구나 재능이 있고 그 재능을 발견해 자주 사용하고 발전시킨다면 창의적 인물이 될 수 있다.

지난 10년 동안 창조성 강의를 해온 김용호 교수는 《창조와 창발》(수류산방. 중심)에서 이렇게 말한다. "창조성은 일상을 사는 우리 모두에게 내재되어 진동하고 있다는 것, 즉 창조성은 아주 보편적인 힘"이라고 강조한다. 또한 김용호 교수는 이러한 창조성의 근원이 마음으로부터 출발한다고 주장한다. 마음은 잠재된 무의식을 말하며 그것은 우리로 하여금 의식적으로 생각하게 만드는 근원이다. 그리고 그곳으로부터 창조성이 발현되어진다.

에릭슨은 "천재는 태어나는 것이 아니라 만들어진다"고 말했다. 천재는 1%의 영감, 70%의 땀, 29%의 좋은 환경과 가르침으로부터 만들어진다고 주장한다. 모차르트도 35년 동안 600편을 작곡했고, 프로이트는 45년간 330건, 아인슈타인은 50년간 248건의 논문을 연구하고 발표했다. 이러한 현상들은 천재는 노력으로 만들어질 수 있다는 것이며 그 노력을 통해서 창조성은 끊임없이 개발되어지며 향상된다는 것이다.

미라클 새벽 페이퍼를 작성

이미 많은 성공한 CEO들이 아침형 인간이라는 사실을 우리는 익히 알고 있다. 한 조사에 따르면, 국내 대기업 CEO 70명 가운데 67명이 아침형 인간이었으며, 오전 4~5시에 일어나는 사람이 11명, 5~6시에 일어나는 사람이 50명이었다고 한다. 이들의 평균 기상 시간은 5시 45분이었다.

나는 여기서 동기부여를 위해서 새벽형 인간이 되라고 강조하고 싶다. 새벽에 기상해 의식이 흐르는 대로 페이퍼에 자신이 쓰고 싶은 이야기를 담는 것이다. 꿈 이야기여도 좋다. 혹은 오늘 내가 해야 할 일들을 쓰는 것도 좋다.

중요한 것은 새벽에 일어나 미라클 새벽 페이퍼를 작성하는 것이다. 바로 새벽의 고요함이 가져다주는 에너지를 본받아 쓰는 '창조 일기'다. 창조 일기란 일단 내 의식이 흐르는 대로 글을 쓰는 것을 말한다. 또는 새벽에 책을 읽은 후 메모를 적어도 괜찮다. 이 습관을 꾸준하게 들여 나만의 창조적 시스템을 만들어놓는다. 창의적 발상이 필요할 때 꺼내볼 수 있는 마치 보물상자와 같다.

대부분의 역대 CEO들도 다음과 같이 새벽에 일어나 활동을 했다. 현대 고(故) 정주영 명예회장도 항상 오전 4시에 일어나서 생활하는 것을 유지했다고 한다. 한국뿐만이 아니라 유럽과 미국에 있는 CEO들도 새벽형 인간들이 많다. 세계적으로 영향력 있는 여성 기업인 인드라 누이 펩시코는 오전 4시에 일어나 뉴스를 보고 업무의 우선순위를 정한다고 한다. 스타벅스 CEO 하워드 슐츠 회장 역시 4시 30분에 일어나 산책을 하며 하루를 시작한다고 한다.

새벽은 우리의 창조성을 깨우기 위해 가장 적합한 시간이다. 새벽은 당신이 스스로와 대면해 이야기를 나눌 수 있는 최적의 시간이다. 고요한 시간에 당신에게 머무르는 생각과 에너지가 더 이상의 외부적 흔들림으로부터 당신이 상처받지 않게 혹은 해를 입지 않게 도와줄 것이다.

공감하고 또 공감하자

공감의 중요성은 여러 번 강조해도 지나치지 않다. 제일 어려운 것은 미워하는 사람의 말과 마음을 공감하는 것이다. 자신과 반대되는 인생을 산 사람의 삶을 공감하는 것도 쉽지 않다. 어쨌거나 공동체 안에서 나의 삶을 살아가는 데 필수다. 가정에서도 회사에서도 공감능력은 매우 중요하다. 공감을 통해 우리는 연결되기 때문이다.

공감의 어원을 보면 19세기 독일에서 생겨난 것으로 ein(안에서)과 fühlen(느끼다)의 단어가 결합되었다. 안에서 느끼는 것을 공감이라고 부른다. 친구가 구덩이에 빠져서 힘들어하고 있을 때 나도 같이 그 구덩이로 들어가 힘듦을 알아차리고 느끼는 것을 공감이라고 부를 수 있다.

공감은 안에서 느끼는 것이기 때문에 내적 동기 유발에도 상당한 영향력을 미친다. 바로 진실성이 발휘된다. 공감에는 진실성이 묻어난다는 것이다. 공감에는 진실이 전달되기 마련이다. 우리는 진실 안에 있는 진심을 통해 내가 진정 원하는 것이 무엇인지 깨닫게 된다.

공감에서는 핵심 감정을 알아차리는 것이 중요하다. 보통 핵심 감정을 감추기 위해 방어하거나 억압된 감정들이 표현되곤 하는데 중요한 것은 그 이면에 숨겨져 있는 원래 감정을 자각하는 것이 필요하다. 나의 진짜 감정을 통해 자기 돌봄과 자기 연결을 시키고 요청 또는 부탁의 단계까지 이어진다면 진술한 커뮤니케이션에 이를 수 있게 된다. 또한 이러한 것들을 바탕으로 진정한 상호작용(interaction)을 이룰 수 있다.

1. Miracle Dawn Paper (기적의 새벽 모닝 페이퍼)

당신의 의식이 흐르는 대로 글을 써보자.

_____

_____

2. 오늘의 우선순위는 무엇인가?

_____

_____

인내의 자극점

"성공은 인내하는 자의 열매다"라는 말이 있다. 인내는 그만큼 매우 중요하다. 인내에 대한 유명한 실험이 있다. 누구나 한 번쯤은 들어봤을 것이다. 바로 스탠퍼드대 부설 어린이집에서 '인생의 성패 여부를 가릴 수 있는 게 인내심'이라는 가정하에 4살짜리 아이들에게 마시멜로 실험을 했다.

기다리는 사람에게는 마시멜로를 하나씩 더 준다는 게 전제였는데, 어떤 아이들은 기다렸고 어떤 아이들은 마시멜로를 바로 먹어버렸다. 중요한 것은 10여 년 후, 당시 유혹을 참았던 아이들은 훌륭한 사회적 능력을 갖추었고 인내심이 높았다. SAT 시험도 210점이나 더 높았다고 한다. 반면, 참지 못했던 아이들의 경우 열등감이 많고 쉽게 좌절하는 삶을 살고 있었다고 한다. 마시멜로 먹는 것을 참는 것은 고통에 비유할 수 있고, 그것을 참아내는 것은 인내라고 할 수 있다.

다시 말해, 우리는 고통의 자극점보다 고통을 참아내는 인내의 자극점이 높아야 한다. 고통을 참아내는 시간은 누구에게는 1년, 누구에게는 1달, 어느 누구에는 하루도 참을 수 없을 만큼 고통스럽다. 공통적인 것은 고통의 시간은 1분 1초라도 너무 길게 느껴져 우리를 힘들게 한다는 것이다.

생각해보면 인생의 차단이 필요한 이유는 고통을 피하기 위해서다. 고통을 최소화하기 위해 우리는 삶에 불필요한 부분들을 차단해야 한다.

인내의 사전적 의미는 괴로움과 힘듦을 참는 것이라고 알려져 있다. 고통에 머무르는 것은 큰 괴로움이다. 대부분의 사람은 괴로움을 견디지 못하고 도망간다. 그럼에도 고통을 참는 인내가 고통의 수치를 초과했을 때 기적이 일어난다.

소수의 성공적 인생을 사는 사람들은 도망치지 않고 고통을 피하기 위해 잠시 차단하는 연습을 한다. 예를 들어, 고통이 왔어? 고민이 왔어? 너는 잠시 저 창고에 있어 하고 자물쇠를 잠가버린다.

인내는 오래참음이다. 창고에 자물쇠로 잠시 잠가버리는 것은 소망을 이루어가는 연단을 거치는 과정이다. 자신의 땅과 집을 지키거나 혹은 목적지에 도착하기 위해 경로를 이탈하지 않아야 하는 것과 같다.

자신과의 싸움

차단은 앞서 언급했듯이 무작정 등을 돌리고 모든 관계와 상황을 단절하는 것이 아니다. 차단은 숨을 깊게 내쉬며 잠시 내려놓음을 뜻하고 나 자신에게 집중하는 마치 나 홀로 떠나는 여행과 같다. 그런데 진정한 차단 뒤에는 인내가 뒤따른다는 것을 알아야 한다. 따라서 인내는 우리가 차단하는 데 큰 영향을 미친다. 우리는 인내하는 과정과 시간을 잘 연단해야 한다. 어찌 보면 시간을 연단하는 것은 나 자신과의 싸움이다.

누구나 잘 아는 이야기지만 금이 나오기 위해서는 불덩이에서 연단되어야 반짝반짝 빛나는 금을 얻을 수 있다. 다이아몬드도 마찬가지지 않은가. 마음의 연단은 정신을 연단하는 것과 같다. 이를 통해 인내의 자극점을 고통의 자극점보다 올리는 것이 매우 중요하다. 이는 뭐랄까, 어쩌면 고통을 두 배 아니 그 이상 겪어내는 것과 같다고 할 수 있다. 고통은 그만큼 아프기 때문이다. 그런데 인내는 그보다 더 아프다. 왜냐면 그 아픈 고통을 참아내야 하는 것이 인내이기 때문이다.

성경에서 우리는 은과 같이 단련되었다고 한다. 풀무불에서 은과 쇠붙이를 담금질하는 이유는 불순물을 제거하기 위함이라고 한다. 또한 영혼이 견고해지기 위해서 죄의 불순물을 제거해야 한다.

시간을 연단한다는 것은 인내의 시간을 갖겠다는 것이다. 그렇다고 해서 고통을 길게 느끼자는 것은 아니다. 오히려 시간을 단축하기 위해 지금 당장 직면해 있는 시간을 연단해 나아가는 첫 단추가 필요하다.

인내할 수 있는 비밀

인내와 의지가 강한 사람이라면 빨강 불이 들어온 위험한 시그널을 잘 감지한 후 상황을 제어할 수 있다. 이와 같은 과정에서 시그널 차단은 다음과 같은 능력을 필요로 한다. 보통은 절제, 오래 참음, 생각 끊기 등이 있다. 하지만 가장 큰 능력은 바로 사랑을 꼽을 수 있다.

사랑은 인내가 가능하도록 한다. 사랑은 고통을 감수하고 인내의 길을 걸을 수 있도록 도와준다. 성경 고린도전서 13장 4절에서는 "사랑은 오래 참고 사랑은 온유하며"라고 말한다. 구체적으로 말하자면, 사랑은 믿음과 시련을 인내함으로써 그 과정을 통해 상대방의 허물 또한 덮어줄 수 있는 힘이 생겨나는 것이다. 비록 처음에는 이 훈련이 힘들지라도 끊임없이 기다림에 대한 마음을 품고 특히 나 자신을 향한 사랑의 인내가 먼저 충만할 때 타인을 사랑할 수 있는 마음도 생긴다. 따라서 사랑하면 많은 것들이 따라온다. 절제와 인내의 성품이 따라온다.

당신이 누군가를 진정으로 사랑하는가? 그렇다면 아마도 당신은 그 또는 그녀를 먼저 지켜줄 것이다. 보이지 않는 선을 넘지 않고 상대방을 아껴줄 것이다. 그것이 바로 사랑이고 사랑에서 나온 열매 인내다.

철학자 아리스토텔레스는 "누군가를 사랑한다는 것은 자신을 그와 동일시하는 것이다"라고 말했다. 작가 모건 스콧 펙 역시 "자신을 사랑하지 못하면 남도 사랑할 수 없다"고 했다.

자신을 사랑하는 방법을 아는 사람만이 남을 사랑할 줄도 안다. 내가 원하는 것이 무엇인지 아는 사람만이 상대가 무엇을 원하는지 들을 줄도 알게 된다. 사랑은 쉬운 것 같지만 어렵기도 하다.

인내를 성공하는 방법은 바로 사랑의 마음을 품는 것이라는 점을 꼭 기억해야 한다.

자신의 축복권

인내를 참는 것이 고통보다 더 큰 파이를 차지하기 위해서는 희생이 요구되기도 한다. 희생의 과정에서 우리는 시련만을 겪고 있을 수 없다. 하루라도 빨리 우리 인생 가운데 있는 축복권을 발견하고 찾아야 한다. 물론 늘 행복하고 기쁨만 가득하다면 우리는 살아야 하는 간절함을 자연스레 잊게 된다. 내가 행복해져야 할 절박함을 잊게 된다. 그러나 시련과 고통이 왔을 때 또 그것을 인내하며 나아가는 과정에서 우리는 절박해지는 것을 느낀다. 생명은 바로 우리가 행복을 추구하고 누려야 할 축복이다.

나는 사람들이 각자 자신의 축복권을 찾길 바란다. 축복의 형태는 모두 다르다. 어떤 이에게는 물질이 될 수도 있고, 어떤 이에게는 소중한 사람들과의 관계가 될 수 있다.

내 경우도 아직 축복권을 발견하지 못해 찾는 중이다. 그러나 어쩌면 이 책을 펴낸 이 순간이 내게 축복일 수도 있겠다는 생각이 든다.

축복권을 찾으면 당신을 지긋지긋하게 괴롭히던 문제들은 떠나갈 것이다. 축복이란 큰 사실에 몰입하는 삶이 되었기에 그 문제는 사소한 돌덩어리가 될 것이다. 작은 돌덩어리는 이제 연못에 던져버리면 된다. 더는 돌덩어리에 걸려 넘어질 일은 없다. 축복권을 가짐으로써 당신과 우리는 자유가 된다.

1. 내가 꿈꾸던 이상적인 환경을 상상하고 묘사한다.

_____

2. 잠시 미래로 몸을 이동해보자.

_____

3. 그곳에 머물기 위한 내게 필요한 인내는 무엇인가?

_____

4. 내가 가질 수 있는 축복권은 무엇이 있는가?

_____

5. 그 축복들을 다 받았다고 했을 때 나의 어떠한 욕구가 만족되는가?

_____

새로운 규칙을 만들자

    현명하고 지혜롭게 빨간 경고음의 소리를 차단하려면 '규칙'이 있어야 한다. 분명한 경계와 울타리가 있어야 나의 생각과 마음을 보호하고 지켜낼 수 있기 때문이다. 더 나아가 이 울타리를 통해 타인에 대한 배려까지도 가능하다.

    그렇다면 차단-심리적 거리 두기에서 말하는 규칙이란 구체적으로 무엇을 의미할까? 사람은 저마다 자신만의 삶의 규율이 있다. 누군가는 그 규율을 자신의 신념이라 믿고 여기며 살아간다. 누군가는 특별한 규율 없이 자유로운 영혼으로 살아가기도 한다. 그러나 자세히 들여다보면 그런 사람들에게도 원칙이란 것이 있다. 그것은 세계를 보는 자신만의 시각으로 나타난다.

    당신은 어떠한 철학을 가지고 있는가? 이 질문을 한 이유는 철학이 바탕이 되어 규칙이 만들어지기 때문이다. 철학과 가치관이 분명한 사람은 다른 사람의 게임에 놀아나지 않는다. 게임을 아는 자만이 게임에서 승리할 수 있다. 바로 원칙을 꿰뚫고 있는 사람이다.

    헤지펀드의 대부 레이 달리오는 자신이 성공과 부를 거머쥔 이유로 바로 '원칙'을 꼽았다. 다시 말해 그에게는 원칙 즉, 삶의 규칙이 있었고 그것이 성공의 큰 기준이 되었다.

그는 이렇게 말했다. "훌륭한 원칙들은 현실에 대응하는 효과적인 방법입니다. 나만의 원칙들을 배우기 위해 많은 성찰의 시간을 보내죠. 이제 나의 원칙들과 그 이면에 있는 생각들을 공유할 것입니다." 그는 12살 때부터 투자를 한 큰 투자자였기 때문에 그에게서 원칙이 없으면 투자에 실패할 수 있는 확률이 더욱 높았을 것이다. 그럼에도 그는 실패하지 않기 위해 원칙들을 만들어 나갔다. 원칙(여기서는 규칙과 동일시함)은 확실히 실패의 확률을 떨어지게 만든다. 그 이유는 성공이 프로그래밍화되어 있고 성공이 패턴화되어 있기 때문이다. 성공의 프로그램대로 살기만 하면 성공의 고지에 더욱 가까이 갈 수 있는 쉬운 원리다.

어떠한 규칙을 만들 것인가?

우리의 목적은 승리하는 것이다. 여기서 승리는 차단·몰입을 뜻한다. 더 나아가 궁극적으로 내가 원하고 살고 싶은 삶에 도달하는 것이다. 그렇다면 어떻게 이 목표를 이룰 수 있을까? 좀 더 나아가 다음과 같은 방법으로 목표를 이룰 수 있다.

먼저 앞에서 말한 차단을 위한 원칙, 규칙을 내 상황에 맞게 설정한다. 내가 할 수 없는 너무 과한 규칙을 설정해서는 안 된다. 최대한 내가 손을 뻗어 닿을 수 있는 범위 내에서 이를 적용하되 따라서 내 행동, 생각, 말에 대한 새로운 설계가 필요하다. 행동, 생각, 말은 우리의 마음의 밭에서 시작된다. 그래서 규칙을 만들기 전 마음의 밭을 정돈하는 것이 중요하다. 설계하기 위해서는 공백 즉, 백지 상태가 좋다. 그래야 내가 담을 수 있는 설계도가 완성되기 때문이다. 먼저 마음을 비우고 그 안에 다시 프로그램을 짠다. 기존의 생각, 마음의 프로그램들은 리셋한 후 나를 다시 재정비한다. 리셋은 진정한 나를 다시 그릴 수 있는 용기 있는 자들만이 해낼 수 있다. 나를 온전히 비운다는 것에는 결단과 선택이 필요하기 때문이다. 그것이 바로 용기다.

행동, 생각, 말에 대한 새로운 프로그래밍을 짜는 것에 관해서는 일단 나에 대한 도식화를 그려보는 것이 필요하다. 성격에 대한 도식화가 될 수도 있고 평상시 외적으로 표출되는 내 모습에 대한 도식화가 될 수 있다. 나에 관한 모든 것을 구조적인 방법으로 쓰거나 표현해보는 것이다. 새로운 규칙을 우리 몸 안에 내재시키고 프로그램화를 하기 위해서는 이러한 도식화 방법이 유용하이다.

환경을 이용한 규칙 만들기

규칙을 설계할 때 영향을 받는 것이 바로 환경이다. 환경은 규칙을 만드는 데 필요한 요소 중 하나다. 환경에 따라서 규칙을 만들기 때문이다. 이는 외부의 소음을 차단하기 위해, 상대에게 '조용히 좀 해주세요'라고 부탁을 하는 것도 우선이지만, 그것이 어렵다면 내 마음이 다른 곳으로 흘러갈 수 있게 주도적으로 환경을 조성하는 것이다.

현재 당신의 환경은 어떠한가? 나만을 위한 규칙을 만들고 싶다면 환경부터 변화를 주어야 한다. 만약 환경을 변화시킬 수 없다면 내가 변해야 한다. 내가 변하면 환경은 저절로 변화되어 따라오기 때문이다. 그리고 내가 변하면 나는 변화된 환경들 속에서 살아가고 있음을 발견하게 될 것이다.

다시 정리해보면, 차단을 하기 위해서는 규칙을 만드는 것이 필요하고 그 규칙은 다양한 환경들에 의해 영향을 받는다. 결론적으로는 환경을 바꿔야 한다. 환경을 바꾼다는 것은 외적인 것에 변화를 준다는 의미도 포함되지만 내적인 상태에도 변화를 가한다는 것을 뜻한다.

아이를 키우며 힘이 들 때 아이에게 화를 내지 않으면서 내 감정을 다스릴 수 있었던 비결은 바로 환경 바꾸기 방법이었다. 집에서 아이가 지루함을 느낀다면 밖으로 함께 나가 산책도 하고 공놀이도 하며 아이의 기분을 바꿔주었다. 그리고 원한다면 달콤한 초콜릿이나 마시멜로를 가지고 아이에게 색다른 보상을 해주기도 했다. 아이가 받아들이는 환경을 바꿔준 것이다.

나 역시 일로 힘들 때마다 새로운 무언가를 찾아서 실천하거나 혹은 집중할 수 있는 환경을 의도적으로 설정하는 등 환경을 컨트롤할 수 있는 장치를 마련해두었다. 바쁘고 지칠 때마다 억지로라도 운동을 하고 육아에 더 집중할 수 있는 환경을 만들어 고난의 정신을 극복해나갔다. 이는 결국 내 생각을 바꾸었고 생활의 시스템을 변화시켜 놓았다.

정리정돈을 통한 삶의 순환

규칙이 있는 삶은 절제와 정돈하는 습관을 만든다. 차단하기 위해서는 절제와 정돈된 삶의 모습들이 뒤따라와야 한다. 절제는 내 생각을 단순화하는 작업이다. 또한 일상과 삶을 정리정돈하는 것이다.

나에게는 잠들기 전 정리정돈하는 습관이 있다. 그리고 아침에 일어나 이부자리뿐만 아니라 화장대, 식탁 위를 깨끗이 치우는 습관이 있다. 이렇게 물건을 정리정돈하고 나면 생각이 명쾌해지고 깔끔해진다. 그리고 상쾌한 하루를 시작할 수 있는 원동력을 얻는다.

차단이 안 되는가? 너무 많은 생각으로 차단은커녕 복잡한 일상을 살아가고 있는가? 그렇다면 지금 당장 당신의 집을 정리정돈하라!

수차례 강조하지만 몸과 마음은 연결되어 있다. 몸을 움직여가며 청소를 한다거나 정돈을 하면 우리의 뇌는 그것에 반응한다. 그러므로 생각과 마음 또한 차분해지는 것을 느낄 수가 있다.

무엇보다 정리정돈을 통해 새로운 규칙을 만들 수 있는 시냅스가 형성된다. 나는 글을 쓸 때 항상 주위를 정리정돈하고 글을 쓸 수 있는 규칙들을 만들어 환경을 조성한다. 자신만의 집중하기 버튼을 만들어 몰입할 수 있는 환경과 내 몸 안에 앵커링 장치를 심어 놓는다. 환경은 몸과 연결되어 있다. 몸 또한 환경에 의해 지배를 받는다.

작은 습관이 중요하다. 자기 양육을 위한 사소한 훈련이라도 좋으니 일상의 다양한 영역에서 정리라는 개념을 적용해보면 도움이 될 것이다. 정리는 통제와 책임이란 능력을 향상 시켜주기 때문이다.

1. 내 삶에 있어 기준이 되는 원칙 다섯 가지를 적어보아라.

_____

_____

2. 그 원칙은 내 삶에 어떠한 영향을 주는가?

_____

_____

3. 내 삶에서 정리정돈해야 할 물건, 환경, 관계 등이 있다면
무엇인가?

_____

_____

확신의 말

헬렌 켈러는 청각과 시각을 잃었지만 세계 최고의 여성 리더가 되었다. 또한 많은 아이를 사랑으로 품으며 특히 장애인들을 위한 교육과 사회복지 개선에 앞섰다. 어떻게 헬렌켈러에게 이러한 힘이 나왔을까? 그것은 바로 그녀가 가졌던 믿음 때문이다.

비록 보지 못하고 듣지 못했어도 그녀 마음 안에는 세상을 바꿀 그래서 영향력을 미칠 수 있는 자신감과 스스로를 향한 믿음이 있었다.

믿음은 자기 신념의 확신이다. 믿음은 예측할 수 없는 것들을 현재의 시점에서 이뤄졌다고 믿고 나아가는 것이다. 우리의 삶은 예측 불가능하다. 그럼에도 우린 살아가기 위한 이유들을 찾는다. 그 이유들이 때론 삶을 살아가는 데 원동력이 될 수도 있고 동시에 욕구를 충족시킬 수도 있다. 믿는다는 것은 마치 0에서 1로 창출하는 방법이지 1+1으로 만들어진 결과가 아니다.

믿음을 가질 때에는 비통함이 있어야 한다. 참을 수 없는 고통, 진한 슬픔에서만이 진정한 믿음이 나온다. 이 말은 바로 희망의 끈을 잡는 심정을 말한다. 우리가 진짜 힘들 때 나를 위해주는 진정한 사람들을 구별할 수 있듯이, 곤란과 슬픔 가운데 있을 때 우리는 비로소 우리 안에 있는 믿음이 진정한 믿음인지 알 수 있다.

믿음의 방향에는 타인을 향한 믿음, 나를 향한 믿음 이렇게 둘로 나뉜다. 타인을 향한 믿음은 상처가 따라오지만 나를 향한 믿음을 가지게 될 때에는 실패하더라도 실패를 통해 성숙하고 변화할 수 있다. 성장 없는 번영은 없다고 했다. 고통 없는 믿음은 없다. 그리고 성장 없는 믿음은 없다. 고통은 성장을 수반하고 그에 따라 우리는 믿음이라는 세포를 갖게 된다. 이러한 믿음의 세포가 성장하면 나에게 해로운 소음들이 침투해도 튼튼한 세포벽이 이를 막아주는 역할을 한다. 우리의 믿음은 마치 이렇게 세포가 다시 죽고 살아나는 것과 같은 반복기를 지나게 된다.

더불어 믿음은 내가 나에게 충분한 근거를 주는 것이다. 근거의 속도와 규모보다는 방향이 중요하며 이를 통해 내가 성장할 수 있어야 한다. 혹은 지금 당장 성장하지 않더라도 자신에게 근거를 심어주는 것이야 말로 나에게 충분한 기초 영양소를 공급해주는 것과 같다.

의식의 한계를 두지 말 것

성공한 사람들의 공통적인 분모는 꾸준하고도 강한 의지를 지녔다는 점이었다. 그렇다면 이러한 의지는 성공한 사람들에게만 길러지는 것일까? 아니다. 누구나 의식을 확장할 수 있는 힘을 갖고 있다. 도전을 받아들이고 해내는 일, 슬픔과 고통을 수용하는 일, 타인이 나와 다름을 인정하는 일들을 통해 의식을 넓혀갈 수 있다.

중요한 것은 우리가 이 의식을 인지하고 기억해야 한다. 또한 의식을 강화시키는 것은 상황과 감정을 식별함으로써 힘을 키울 수 있도록 돕는다. 그러나 우선 이것이 사고인지 감정인지 구별하는 연습이 필요하다. 생각에 대해서 정확한 카테고리로 분류하고 그에 따라 파생되거나 발생하는 감정들에 대해 인지하고 명명하는 것이다. 나 또한 스트레스가 몰리는 상황에서 사고와 감정이 뒤섞였을 때 사고와 감정을 분리하고 노트에 그것을 나란히 적으며 정리하는 실천을 행하고 있다.

많이 들어보았고 알 것 같지만 의식은 여전히 우리에게 어려운 단어이기도 하다. 의식을 확장하는 것에 대해 조금 더 알아가보자. 우리의 목표는 건강한 의식을 확장하는 것이다. 그렇다면 이 목표에 도달하기 위해 할 수 있는 단계를 살펴보자.

내재되고 억압된 감정의 이야기를 들을 수 있어야 한다. 보호가 아닌 방어하기 위해 나타나는 기제들에 대해 면밀히 살펴볼 필요가 있다. 나 또는 타인을 향한 건강하지 못한 감정과 사고에서 파생된 행동들은 온전한 나를 만나지 못하게 만드는 방해물이다. 아무리 세상과 타인을 잘 알아도 나 자신을 모르면 헛수고일 수 있다. 나를 진정으로 잘 아는 사람이라야 타인을 이해하고 수용할 수 있는 힘을 가질 수 있다.

궁극적으로 진정한 자기 돌봄이자 자기 양육이 건강한 의식 확장을 위해 필요하다. 이를 위해 나 스스로에 대한 지지와 협력을 구해야 한다. 그것은 외부 환경적인 지지가 될 수도 있고 내면적 지지가 될 수도 있다. 살아갈 수 있는 힘의 비타민을 공급해주는 것과 같다.

미래에 대한 불안함, 두려움을 피하기 위해 제한적 의식에서 유연한 의식으로 방향을 바꿔가야 한다. 유연적 의식이란 우선 안에서 일어나는 자동적 사고를 인식하고 상황을 구별해 의식을 선택을 하는 것을 말한다. 선택은 늘 우리를 성장시키기 때문이다.

의심과 사고를 방해하는 것 제거하기

폴란드 출생의 미국 논리학자인 알프레드 코집스키는 "인생을 쉽게 사는 방법이 두 가지 있는데, 하나는 모든 것을 믿는 것이고, 다른 하나는 모든 것을 의심하는 것이다. 두 가지 모두 우리가 사고하지 못하게 만든다"고 말했다.

믿음을 확신하는 마지막 비결은 바로 의심과 사고를 방해하는 것을 제거하는 것이다. 우선은 의심이 들고 사고를 방해할 것 같은 환경에 나 자신을 노출시키지 않아야 한다. 스쳐가는 불안이나 두려움도 생각 바구니에 넣어서는 안 되고 버려야 한다. 떠오르는 즉시 물속에 버리는 것이다.

또 하나는 왜 계속 의심이 들고 사고에 방해되는 생각이 떠오르는지 근원을 찾아보는 것이다. 객관적으로 문제의 원인을 탐구하고 내가 빠져들지 않아야 할 이유를 요목조목 잘 따져야 한다.

예를 들어 부부간의 불화는 아이에게도 영향을 미친다. 남편과 또는 아내와 싸우지 말고 현명하게 대화로 풀어가야 하는 방법은 아이에게 나쁜 영향을 미치지 않기 위해서다. 따라서 내가 의심에 빠지고 잘못된 사고에서 헤어 나오지 못할 때 내게 마이너스가 되는 것이 무엇인지 잘 살펴보는 것이다. 현재 당신의 삶은 마이너스가 더욱 많은가? 아니면 플러스 요인이 더 많은가? 마이너스가 더 많이 존재한다면 빨리 플러스의 요인으로 바꿔야 한다.

1. 당신이 믿는 최고의 가치는 무엇인가?

_____

_____

2. 믿음은 어디로부터 출발하는가?

_____

_____

3. 그 믿음을 때론 지키기 어려울 때가 언제인가?

_____

_____

4. 그럼에도 불구하고 믿음을 지키기 위해 당신이 할 수 있는 최우선의 일은 무엇인가?

_____

_____

4장

미래의 운을 현재의 운으로 당기는 방법

비전맵 작성

성공한 사람 대부분이 갖는 공통점은 무엇일까? 그것은 바로 자신의 꿈의 지도를 그렸다는 것이다. 바로 비전맵이다. 꿈의 로드맵이라고도 부른다. 성공한 사람들은 아동기, 청소년기, 청년기 때마다 꿈의 지도를 그려 간직해왔다.

이 비전맵을 따라 그것이 매일 이뤄진 것처럼 상상하고 행동으로 구체화시켜 한 발자국씩 계속 꿈에 다가간다. 비전맵은 미래에 대한 상상을 밑바탕으로 이미지를 통해 나 자신을 만들어가는 과정이기 때문에 매우 소중하다.

나 역시 청소년기에 교회 캠프를 갔을 때 큰 보드지에 내가 원하는 이미지들을 모아 20년 후 내 모습을 비전맵으로 만들었다. 그당시는 몰랐지만 지금 와서 돌이켜보면, 비전맵은 인생을 내가 원하는 방향으로 구체적으로 살 수 있도록 하는 능력과 더불어 원하는 그림을 그리며 살아갈 수 있는 능력을 키우는 계기가 되었다.

이렇게 비전맵을 실천하는 것은 우리로 하여금 불필요한 것들을 차단하게 만드는 속성을 지니고 있다. 이미 짜인 구체적인 진로 앞에 불필요한 변화나 환경이 온다 해도 우리는 우리가 그려 놓은 이미지대로 삶을 터벅터벅 살아가면 되는 것이다. 그것이 우리가 그린 지도를 따라 목적지에 이르는 방법이다.

쉬운 말처럼 들릴 수 있겠지만 여기서 중요한 점은 불필요한 요소들에 신경을 꺼버리고 내가 그려놓은 이미지의 모습을 상상하며 부단히 살아가는 것이다. 바로 그것이 그릿(GRIT: 미국의 심리학자인 앤젤라 더크워스가 개념화한 용어로, 성공과 성취를 끌어내는 데 결정적 역할을 하는 투지 또는 용기)이자 용기 있는 삶이다.

구체적인 확언과 상상

친구 중 외국에서 사업을 성공시킨 친구 한 명이 있다. 그녀와 나는 어렸을 적부터 친구였는데 그녀가 잘하는 것이 하나 있었다. 그것은 바로 상상하기였다. 매일 같이 '나는 ~ 공주가 될 거야'라며 흔히 공주놀이에 빠져 사는 친구였다. 우리는 교회에서 주최하는 비전캠프를 같이 갔다. 거기서 자신의 비전 로드맵을 작성하면서 그녀가 왜 공주가 되고 싶어 하는지 그 공주는 무엇을 의미하는지 깨닫게 되었다. 그녀가 말한 공주는 따뜻한 엄마이자 멋지게 성공한 CEO였다. 세월이 지난 지금 그녀는 어떠한 삶을 살아가고 있을까?

그녀는 현재 좋은 남편을 만나 따뜻한 아내가 되어 아름다운 가정을 꾸리고 있었다. 동시에 성공한 경영자로 회사를 운영하고 있었다. 그녀의 비전 로드맵대로 된 것이다. 별것 아닌 이야기 같지만 말한 대로, 생각한 대로, 상상한 대로 삶이 표현되는 방식이다.

비전 로드맵을 청소년기, 청년기 그리고 시시 때때로 이미지를 콜라주화하는 작업은 매우 즐거운 일이다. 비록 지금은 그 모습이 아닐지라도 앞으로의 모습을 상상하고 믿으며 이미지들을 모아 자신의 스토리를 만들어가는 것이기 때문이다.

자신의 스토리를 만들어가는 과정에 집중할수록 차단의 힘은 더욱 발휘하게 된다. 자신이 만들어놓은 그 스토리에 불필요한 요소들을 아예 넣지 않는 것이다. 로드맵이라는 지도 가운데 우리가 가야 할 정착지만을 구체화시키고 분명하게 해두는 노력이 필요하다.

상상한대로 현실이 된다는 것을 기억하자. 상상은 미래이지만 미래를 현재로 가져오는 능력이 우리 손에 달려 있다.

감각을 깨우자

뇌의 감각을 깨우는 것은 우리의 몸의 감각을 깨우는 것과 연결된다. 뇌는 신체의 일부지만 감각과 정보를 받아들여 인지하는 데 가장 중요한 부위다.

비전맵 작성과 감각을 깨우는 데 있어서 중요한 것은 바로 행동실천이다. 꿈의 지도를 작성하면 그렇게 살아야만 하는 혹은 그렇게 살 수 있는 잠재의식이 우리 안에 생긴다. 즉 살아야 할 이유들을 보드지에 그려놓고 끊임없이 되뇌는 것이다.

《나는 오늘도 나를 믿는다》의 저자이자 유명 메이크업 아티스트인 정샘물은 본인의 스크랩북을 만들었다고 한다. 어렸을 적 어려웠던 가정 형편에도 불구하고 그녀가 멈추지 않았던 일은 바로 스크랩북 만들기였다. 자신이 되고 싶은 여성, 집 등을 가위로 오려 스크랩북을 만들었다. 결과는 어땠을까. 실제로 행복한 가정을 이루고 세계적인 메이크업 아티스트가 되었다. 마치 스크랩북에 나온 여성처럼 말이다.

스크랩북과 비전맵은 같은 것으로 붙여놓은 그 이미지대로 살아가게 될 확률과 가능성은 매우 높다. 우리의 잠재의식과 에너지가 그렇게 우리를 끌고 간다. 그렇기 때문에 꿈은 멀리 있지 않다. 꿈은 가장 가까운 우리 마음속에 있다. 그리고 그 마음은 생각과 함께 움직인다.

여행의 목적지를 정하고 떠나자

목적지가 없는 여행은 아무 의미가 없다. 목적지가 없는 출발은 끝을 알 수 없기에 두렵다. 비전맵과 같은 삶을 확실히 살기 위해서는 목적지가 분명해야 한다.

그러나 목적지에 도달한 것만이 우리에게 행복을 의미하진 않는다. 목적지에 도달하기까지 과정들이 우리에게 뜻하는 바가 깊다. 앤드류 메튜는 "목적지에 닿아야 행복해지는 것이 아니라 여행하는 과정에서 행복을 느끼는 것이다"라고 말한다. 그의 말처럼 과정은 행복이고 목적지는 행복이란 과정이 낳은 달콤한 열매다.

목적지가 없는 커다란 배가 거센 파도 위를 둥둥 떠다닌다고 생각해보자. 얼마나 불안하고 두려운가. 안에 타고 있는 선장과 사람들은 그들이 가야할 곳을 알아야 아무리 거센 파도가 몰아쳐도 담대하게 배 안에서 기다릴 텐데 말이다. 그리고 그 험한 파도를 극복하고 도착지에 다다를 수 있을지는 배 안에 있는 사람 모두가 힘을 합쳐야 위기를 지혜롭게 헤쳐나가게 된다.

– Question & Work ─────────────

1. 6개월 후 나의 모습 - 1년 후 나의 모습 - 3년 후 나의 모습
- 5년 후 나의 모습

_____

_____

2. 비전맵을 그리고 난 후 현재 어떠한 감정이 드는가?

_____

_____

나만의 페이스를 유지하기

다음으로 차단을 하려면 또 어떠한 환경과 조건들이 주어져야 할까? 바로 나만의 페이스를 찾는 것이다. 나만의 페이스를 찾는다는 것은 나의 주관적인 생각이 힘을 갖는다는 것을 뜻한다. 페이스는 생각과 마음, 정신력을 가리킨다.

요즘은 나만의 페이스를 가지는 사람이 많아지고 있다. 동시에 유리 멘탈을 가진 사람들도 증가하고 있어 세상은 점점 더 살기가 복잡하고 혼란스럽다. 이 가운데 우리는 깨어 있어야 한다. 그 깨어 있는 상태는 다시 말해 나의 정신력과 마음, 생각의 힘을 갖는 것이다.

나 같은 경우, 요즘 이렇게 페이스를 찾고 유지하고 있다. 매일 새벽 3시에 기상해서 글을 2시간 정도 쓰고 기도와 명상을 하는 규칙을 삶에 적용하고 있다. 처음에는 뜬구름을 잡는 일상생활은 아닐까 시간 낭비는 아닐까 하는 생각도 들었다. 그러나 결론은 생활의 무게가 가벼워졌고 불안하지 않은 시간을 보내고 있다.

아이를 양육하면서 일하고 글쓰는 시간이 모자랐기 때문에 새벽 3시에 일어나서 중요한 일들을 처리하기 시작했다. 그러자 오전, 오후 시간 활용이 가능해졌고 오히려 아이와 함께 할 수 있는 충분한 여유가 생겨났다.

《미라클 모닝 밀리네이어》에 따르면, 부자들의 공통점이 있다고 한다. 그것은 바로 이른 새벽에 일어나 하루를 준비하는 것이다. 새벽에 깨어 자신의 페이스를 갖추는 것이야 말로 이들이 성공할 수 있던 첫 단추였다.

무슨 일이 있어도 삶의 규칙들을 우선순위로 삼아 실천하는 것이 나의 페이스를 유지할 수 있는 최고의 비결이다.

컴포트 존(comfort zone) 만들기

나에게 들어와서는 안 될 생각, 나를 해롭게 하는 무의식적인 생각들이 계속 떠오른다면 나만의 페이스를 만들어야 한다. 이때에는 교통질서가 필요하다. 마음의 질서, 생각의 질서, 생활의 질서가 필요할 것이다. 여기서 우리는 이것을 컴포트 존(comfort zone)이라고 부른다.

컴포트 존이란 정확하게 내가 가장 편안하고 안전하게 쉴 수 있는 구역을 가리킨다. 부정적인 생각이 들 때 우리는 바로 컴포트 존에 들어가 최상으로 편안한 호흡과 행동을 퍼포먼스한다. 이렇게 컴포트 존을 통해 생각의 패러다임과 에너지가 전환될 때 우리는 새 기운을 얻게 된다.

링컨 대통령이 미국을 이끌 당시 미국의 경제는 매우 호황기를 누렸었다. 링컨 대통령이 국정을 잘 이끌 수 있었던 비결 하나가 있었다. 그것은 바로 그의 집무실에 설치된 기도의 방에서 날마다 나라를 위해 기도하는 규칙의 습관이었다. 링컨이 기도하는 시간에는 문고리에 천을 묶어놓고 아무도 들어오지 못하게 했다고 한다. 기도하는 것은 그의 삶에 적용된 분명한 원칙이자 모든 것을 행동하게 하는 가능성의 원천이었다. 그래야만 그에게는 나라 일을 잘해낼 수 있는 힘을 얻을 수 있었다고 한다. 기도의 방은 링컨에게 컴포트 존이었던 셈이다.

우리도 링컨 대통령처럼 각자의 집안에서 컴포트 존을 만들수 있다. 만약 불가피하다면 가상공간을 상상해 마치 내가 그곳에 있는 것처럼 느껴볼 수 있다. 중요한 것은 내 마음과 생각의 초점이 편안한 상태에 이르는 것이다. 그 편안함은 이미 다 이룬 것처럼 느끼는 것을 말한다. 몸과 마음이 가장 편한 곳에서 진정한 내면의 목소리를 들을 수 있다. 그때 소음이 내 안으로 들어올 수 없도록 해야 한다.

포커페이스가 되자

운동선수들에게 자신만의 페이스를 유지하며 경기에 참여하는 것은 매우 중요하다. 이는 운동선수뿐만 아니라 많은 사람이 장거리 인생을 살아가는 데 중요한 요소다. 지속 가능한 삶을 위해 나만의 페이스를 찾고 유지하는 것이 중요하다.

특히 복싱 선수들에게는 포커페이스를 유지하라고 한다. 속마음을 드러내지 않는 무표정한 얼굴을 포커페이스라고 하는데 상대로부터 주먹을 맞아도 얼굴에 드러내지 않고 당황하지 않는 것이다. 골프에는 "마지막 홀에서 장갑을 벗기 전까지 시합은 끝나지 않았다"라는 말이 있다. 야구에는 "야구는 9회 말 투아웃부터"라는 말이 있지 않은가. 우리의 목표는 상대방에게 약점을 드러내지 않고 끝까지 싸움에서 승리하는 것이다.

또한 포커페이스는 단순히 표정을 숨기는 것에 그치지 않는다. 상황에 따라 표정과 감정에 변화를 주는 것도 포커페이스에 해당된다. 화가 났을 때 분노를 얼굴에 머금지 않고 오히려 여유롭게 웃는 것이 이에 해당된다. 자기감정을 잘 조절하는 사람은 페이스를 잘 유지할 수 있다. 나는 사실 있는 그대로 솔직히 표현하는 편이다. 그래서 오해를 받는 부분들도 있었다. 때론 이성과 감정이 혼동되어 나 자신을 어떻게 표현할지 혼란스러울 때도 있었다. 부모님은 내게 "있는 그대로 솔직한 감정을 모두 드러낸다고 모든 사람이 다 알아주는 게 아니야. 네가 진짜 말하고 싶은 것을 잠시 침묵하거나 유보하는 것도 좋지 않을까?"라고 말했다. 지금 생각해보면 그때 그 말은 나의 페이스를 얼른 찾으라는 뜻이었다.

포커페이스를 잘한다는 것은 어른이 되어가는 과정이고 성숙해져간다는 증거다. 일방적인 내 감정을 드러내지 않고 표현을 잘 조절할 줄 아는 능력이다.

유리 멘탈에서 강철 멘탈로

평소 나도 모르게 멘탈이 무너질 때가 있다. 직장에서 상사에게 꾸지람을 들었을 때, 믿었던 친구가 내 뒷담화를 했다는 이야기를 들었을 때, 무심코 상대에게 상처가 되는 말을 들었을 때 우리의 멘탈은 붕괴된다.

Z세대의 출현, 세대 간의 갈등, 개인주의, 취업에 대한 불안 등 이러한 사회적 특성이 두드러지면서 흔히 유리 멘탈을 가진 젊은 세대들이 많이 생겨나고 있다. 나 역시도 출산 후 우울이 갑자

기 찾아와 유리 멘탈처럼 어떤 말만 들어도 정신의 받침대가 무너지는 경험을 했다. 당시는 사소한 말도 마음의 큰 면적을 차지해 내 정신을 흔들었다. 그때 '나 이러다 정말 큰일 나겠구나' 싶었다. 그리고 나서 정신을 차리고 강철 멘탈을 만들기 위해 연습했다.

가장 효과적이었던 연습은 최면이었다. 바로 자기 최면이다. 일종의 자기 암시라고도 부를 수 있다. 자기 암시는 자기 확언과도 같다. 나에게 믿음을 외치고 선포하는 것이다. '나는 무엇이든 잘 될 것이다', '나는 사업가이자 작가로 성공할 것이다'라고 보다 구체적으로 나의 내면 안에 있는 영혼에게 외치는 것이다. 이러한 말들을 통해 기본적인 정신력을 강화시키고 내면의 근육을 키운다.

최면 심리학의 대가 밀턴 에릭슨은 최면은 트랜스 상태(무언가에 집중에 빠져나오지 못하는 상태)에서 가능하다고 말한다. 따라서 최면은 우리의 의식적인 감정, 기억, 반응에 대한 패턴을 바꾸는 것이다. 이러한 상태에서는 불안과 두려움이 줄어들고 강철 멘탈로 거듭날 수 있게 된다.

— Question & Work ——————————————

1. 지난 시간 동안 당신의 삶을 지탱하게 해주었던 것들은 무엇인가?

_____

_____

2. 성공적인 당신의 삶에 당신은 뭐라고 말해주었는가?

_____

_____

3. 자신의 능력과 삶을 유지하기 위해 가장 중요한 것은 무엇인가?

_____

_____

4. 그것을 유지하기 위해 우선순위들을 나열해보자.

_____

_____

자아존중감을 높이자

'삶이 힘든가?', '무언가 일이 꼬이는 것 같은가?', '감사보다는 불평의 언어가 더 많이 사용되고 있는가?', '자신이 불행하다는 생각이 드는가?' 그렇다면 빨리 나 자신을 점검해봐야 한다는 신호다.

자아존중감은 자신을 믿는 힘으로부터 비롯된다. 의식적으로 나를 분명히 인지하는 건강한 자아 정체성으로부터 시작된다. 나를 자각하는 것은 결코 쉬운 일은 아니다. 자각한다는 것은 잠재의식 속에 있는 것들을 의식 속으로 끌어올려 인지하고 그에 따라 행동하는 것이다.

자신을 중요하게 여기느냐에 따라 우리가 우리 자신 스스로를 대하는 태도가 남에게까지 전달되어진다. 자기를 업신여기는 사람은 남도 업신여긴다. 하지만 자신을 진정으로 사랑하는 사람은 상대방도 사랑과 존귀로 대할 줄 안다. 차단의 힘과 자아존중감을 높이는 것은 어떤 상관성이 있을까?

내 경우 감사 연습을 통해 부정적인 에너지를 차단하고 자아의 탄력성이 생기는 것을 경험했다. 감사하는 그 자체가 우리 몸과 영성에 영향을 준다. 자아존중감을 높이려면 감사하는 것이 필요하다. 감사는 자아존중감을 높이는 것과 깊은 연관 관계가 있다. 감사하면 우리의 뇌에 세로토닌이 분비되는 등 신경전달물질을 바꾸어 몸과 마음의 생체 시스템이 바뀌게 된다.

감사는 존중감을 높여준다. 그래서 나 자신의 행복감이 충만해진다. 자아존중감 지수가 높은 사람들은 사실상 불필요한 것에 신경을 쓰지 않는다. 신경을 자연스레 꺼버리는 것이다. 그들의 관심은 절대 불필요한 것에 쏠리지 않으며 그것들에 에너지를 사용하지 않는다.

나를 사랑한다고 스스로에게 말하는 것이 필요하다. '난 가치 있는 사람이야, 난 사랑받을 자격이 있는 사람이야, 난 세상에서 가장 존귀한 존재야'라며 자신의 존재를 쓰다듬어준다. 긍정적인 생각의 볼륨은 부정적 생각의 볼륨보다 더 크게 올리고 주파수를 맞추어 부정적인 것들이 아예 묻히게 만들어버린다.

사랑받는 삶, 인정받고 싶은 삶은 어떻게 만들어가는가? 결국 해답은 내가 나 자신을 어떻게 대하느냐에 대한 생각으로부터 얻어진다.

내가 원하는 것이 무엇인지 발견하는 것

자아존중감을 높이기 위해서는 내가 무엇을 원하는지 분명히 아는 것이 필요하다. 그것은 내가 어떠한 사람이 되고 싶은지를 분명히 아는 것이다. 즉 뚜렷한 비전과 목표를 가지고 살아가는 것이다. 아무리 사소한 일일지라도 그것에 대한 목적의 의미와 발자취를 남기도록 한다. 따라서 아주 사소한 것이라도 그 안에서 중요한 의미를 발견하는 습관을 들이도록 한다. 당신의 마음속에서 요동치는 존재들이 무엇인지 탐색해볼 수 있다. 바로 작은 욕구를 발견하는 것으로부터 시작하는 것이다.

그리고 그것을 아주 구체적으로 묘사한다. 마치 내 앞에서 움직이는 유기체처럼 마음속에 간절히 원하는 것을 언어 또는 이미지로 묘사한다. 중요한 점은 그 존재와 존재가 주는 감정과 친해지는 것이다. 만약 내가 원하는 게 자식에게 친구 같은 엄마가 되는 것이라면 그러한 엄마가 되었을 때 내게 돌아오는 친근감, 만족감 등과 같은 감정에 익숙해지는 것이다. 이러한 감정에 익숙해지다 보면 내가 나를 사랑하는 존중감의 지수는 올라간다. 또한 내가 무엇을 원하는지 그것이 이미 의식의 수면 위로 올라왔기 때문에 행동으로 실현할 수 있는 속도는 더욱 빨라진다.

몰입하면 자동적으로 차단의 스위치가 켜진다

진정한 차단은 내가 일부러 차단이란 행동을 하기 전에 스스로 알아서 차단되도록 시스템을 설치해놓는 것이다. 전기의 차단기를 내가 꺼서 정전되는 것이 아닌, 차단기가 알아서 내려가 모든 불이 꺼지는 것은 다르다. 전자는 내가 끌 힘이 없으면 불가능할 정도로 어렵다. 그러나 후자는 내게 이미 차단기를 끌 힘이 있기 때문에 그 힘의 압력에 의해 차단기가 내려가는 원리다. 차단을 하고 있는 당신은 현재 전자인가? 아니면 후자인가?

우리 모두가 후자에 속했으면 좋겠다. 그 말은 우리 내면의 힘을 키웠으면 한다는 것이다. 내면의 힘이 발할 때 차단의 힘이 발휘될 것이며 내면의 강인함이 우뚝 섰을 때 차단의 원리가 작동할 것이다. 그것은 과학도 아니고 신이 우리가 태어날 때부터 선물로 준 마음의 힘이다.

흔히 천재들에게는 이러한 차단의 능력이 잘 갖추어져 있다고 볼 수 있다. 왜냐하면 그들은 보통 사람들보다 무언가에 더욱 몰입하는 습관을 이미 지니고 있기 때문이다. 《몰입》에 따르면, 뉴턴이 만유인력의 법칙을 알아낸 이유에 대해 "그 생각만 하고 있었기 때문이다"라고 설명하고 있다. 아인슈타인 역시 "나는 머리가 좋은 것이 아니다. 문제가 있을 때 다른 사람보다 좀 더 오래 생각할 뿐이다"라고 말했다. 이들의 공통점은 좀 더 오래 생각하며 그 생각 자체에 몰두했다는 것이다.

위와 같이 차단-몰입의 단계를 거치면 자아존중감은 따라서 올라간다. 몰입을 통해 나의 정체성을 다시 발견하게 된다. 더 나아가 있는 그대로를 받아들임으로써 자신을 신뢰하는 방법을 배우게 된다.

나에게 칭찬하기

자존감을 높이는 방법으로는 나 자신에게 칭찬의 말을 꼭 해주는 것이다. 칭찬은 우리의 삶을 개선해주기도 하고 변화시켜주기도 한다. 카네기는 칭찬의 중요성에 대하여 "아홉 가지 잘못한 일을 꾸짖기보다 한 가지 칭찬을 해주는 것이 그 사람을 개선하는 데 효과적이다"라고 말했다. 특히 나에 대한 격려와 칭찬은 고래를 춤추게 하듯 나를 춤추게 만든다.

또한 칭찬은 인생을 지탱하게 하는 힘을 발휘한다. 톰 소여의 모험을 쓴 마크 트웨인 작가는 "좋은 칭찬 한마디면 두 달을 견뎌낼 수 있다"고 말했다. 따라서 칭찬이 가져다주는 변화는 말로 다

형용할 수 없을 만큼 소중하다.

칭찬을 듣다 보면 나도 모르게 그 일을 할 수 있는 자신감과 추진력이 생기게 된다. 특히 나에게 해주는 격려는 마치 근거 없는 자신감을 생기게 만들어 앞으로 나아갈 수 있는 힘을 만든다. 근거 없는 자신감이야 말로 스스로에게 주는 최고의 용기인데 말이다.

신경경제학 연구센터의 이사인 폴 잭 박사는 칭찬과 인정을 들으면 뇌에서 옥시토신이란 물질이 분비된다고 한다. 정서적 따뜻함과 응원이 사랑의 호르몬 옥시토신을 만들어내는 것이다. 따라서 나를 칭찬할 때 애정을 담아 "너의 진급을 축하해, 그동안 수고 많았어. 역시 너의 실력은 세계 최고야", "너는 사랑받기 위해 태어난 사람이야"라며 이야기하는 것이다. 이러한 칭찬은 자기 자신에 대한 신뢰를 형성케 한다.

한마디의 칭찬으로 우리는 성공할 수 있다. 절대로 좌절하지 않을 수 있다. 하루에 한 번씩 자신에게 작은 선물과 칭찬을 하자.

1. 나를 나답게 만드는 성공적인 전략은 무엇인가?

_____

_____

2. 몰입하기 위해 어떠한 불필요한 것들을 제거해야 하는가?

_____

_____

3. 나를 가장 존귀하고 가치 있다고 생각할 때는 언제인가?

_____

_____

4. 그때 나는 무엇을 주로 하고 있는가?

_____

_____

피지컬 관리가 중요한 이유

아침 또는 저녁에 조깅을 한번 해보자. 이것은 나의 실제적 경험이다. 결혼 후 육아와 일을 병행하면서 하루하루가 매우 지쳐 있고 우울해 일어날 힘도 없을 때였다. 마지못해 부모님의 권유로 나는 밖에 나가 무작정 뛰기 시작했다. 처음에는 사실 뛸 힘조차 없어서 느긋이 걷고 또 걸었다. 그렇게 매일 걷기를 반복했고 어느새 뛰고 있는 내 자신을 발견했다. 건강은 점점 강해졌고 머리 또한 맑아지는 것을 느꼈다. 이제는 아침마다 걷고 뛰는 것이 습관이 되었다. 이 습관은 내 마음을 챙기고 주변을 관찰할 수 있는 포용의 힘을 만들어주었다.

심리학자 사티어는 신체는 마음, 정신, 영혼을 담고 있다고 한다. 따라서 신체와 감정은 서로 연결되어 있고 서로가 상호작용을 한다는 것을 알 수 있다. 운동, 즉 나의 피지컬 관리는 우리의 생각에도 많은 변화를 가져오고 영향을 미친다. 나를 괴롭게 만들었던 고정적인 관념과 고민들을 '그래, 뭐 그럴 수도 있지', '다 지나갈 거야'라며 내면의 속삭임으로 극복하게 되었다.

우리는 체력 관리, 건강관리에 힘을 써야 한다. 그래야 차단의 힘을 키울 수 있다. 심적 근육만을 키우는 것이 아닌 신체적 근육도 함께 길러야 진짜 나 자신을 위한 올바른 방어를 할 수 있게 된다.

앞서 언급한 것과 같이 몸과 마음은 분리될 수 없다. 신체적 건강을 다진다는 것은 곧 마음의 공간을 어루만진다는 것을 말한다. 공간을 청소하고 공간을 꾸미고 잘 활용하는 것이다. 우리는 우리의 신체를 항상 조심스럽게 다루어야 하며 아껴줘야 한다.

이때 우리 몸의 피지컬 관리를 자율적이게 만들어야 한다. 다시 말해 몸이 자기 스스로 통제하고 절제할 수 있는 정도까지 단련시키고 훈련해야 한다. 환경이 건강을 지키지 못할 상황이 닥치더라도 독립적으로 피지컬 관리를 할 수 있는 신체적 자립심을 키워나가야 한다. 이것이 바로 신체 내 시스템을 정립시키는 것이다.

역경지수를 높여야 할 이유

피지컬 관리는 단순한 신체 훈련을 의미하지 않는다. 더 나아가 우리의 마음의 힘과 영성의 힘을 단단하게 만들어주는 도구적 역할을 한다. 이를 통해 고난과 풍파에도 역경을 넘어 설 수 있는 힘을 기를 수 있다.

《역경 지수 : 장애물을 기회로 전환시켜라》를 쓴 폴 스톨츠는 사람을 세 가지 종류로 나뉘었다. 하나는 문제가 닥치면 포기하고 그냥 도망가 버리는 사람, 두 번째는 문제가 닥치면 그대로 문제 안에 주저 앉는 사람, 세 번째 유형의 사람은 자신이 클라이머가 되어 산을 정복하는 사람이다. 당신은 어떠한 유형의 사람인가?

《무엇이 리더를 리더 되게 하는가? 거인들의 발자국》에서는 역경 지수가 높을수록 리더십의 자질을 잘 갖춘 사람이라고 말하고 있다. 여기서 나는 우리가 우리 삶을 스스로 리더해나가는 리더십을 보았다.

앞서 언급했듯이, 나는 힘들 때 매일 조금씩 러닝하는 것을 목표로 삼았다. 처음부터 뛸 수 있는 몸과 마음의 조건을 갖추지는 않지만 하루에 10분씩 늘려가는 것을 목표로 삼았다. 첫 날은 10분을 산책했다. 그 다음날은 10분 걷기에 5분 뛰기를 추가해 15분을 뛰고 걷는 훈련을 했다. 내 안에 마치 코치가 있듯이 내가 나를 훈련하고 컨트롤했다. 그렇게 매일 일주일씩 5분 간격으로 시간을 늘려 뛰고 걷기를 반복했다. 지금은 40분을 지속적으로 뛸 수 있게 되었다.

에베레스트 산 정산을 목표로

제너럴 일렉트릭은 목표보다 한 층 더 높은 목표를 삼는 '스트레치 이론'을 경영에 도입해 실천하고 있다. 가능한 목표보다는 불가능한 목표를 설정해 목표 지점에 달하는 정신을 강조하며 조직을 이끈다. 예를 들어, 100%의 목표를 가져야 한다면, 150% 또는 200%의 목표를 설정해놓고 움직여야 100% 목표에 달할 수 있는 확률이 높아진다는 것이다.

《꿈을 이루는 성공의 교과서》를 쓴 하라다 다키시는 스트레칭 기법의 유효성은 에베레스트 이론에서 잘 나타난다고 말한다. 그는 후지산을 목표를 삼은 사람은 절대로 에베레스트 산을 정복할 수 없으나 에베레스트를 목표로 삼은 사람은 후지산을 가볍게 정복할 수 있다고 말한다.

항상 자신이 원하는 목표보다 2~3배를 높여 설정하고 행동하라고 말하고 싶다. 큰 그림을 그릴수록 자신이 원하는 것을 초집중해서 목표를 이룰 수 있다. 불필요한 생각과 에너지, 대상들에 대해 단념하게 되며 오로지 자신의 문제에 집중할 수 있는 초능력적인 힘이 나온다. 왜냐하면 에베레스트를 산을 오르기 위해 겪는 불편한 문제들은 후지산을 오를 때보다 더욱 많은데 그 문제들을 모두 통과하고 정상에 오르기 때문이다. 또한 정상에 오르면서 문제에 대한 잠재적 무의식과 의식의 흐름이 바뀌기 때문이다.

내가 넘을 수 없는 목표를 지정해서 달리다 보면 어느샌가 그 중간 지점에 도달한다. 중요한 것은 '내가 이 힘든 목표의 중간 지점까지 왔으니, 더 가고 싶은 마음의 의지가 있느냐'라는 점이다. 물리적으로 내가 갈 수 없는 일이 생기기도 하지만 정상까지 올라가기 위해서는 의지가 발동되어야 한다. 의지는 절실할 때 생긴다.

에베레스트 산을 오르는 것도 의지가 있어야 오를 수 있다. 내가 그 산을 올라가야 할 이유를 분명히 아는 사람만이 정상에 도달할 수 있다.

알아차림

공황장애가 온 적이 여러 번 있었다. 한 번은 출산 전 임신 때였고 다른 몇 번은 출산 후였다. 지금은 극복했는데 그 비결은 바로 알아차림에 있었다. 공황이 왔을 때 무서워하거나 도망치지 않는 것이다. 오히려 '아, 지금 내게 공황이 왔구나'라며 스스로 자각하는 것이 중요하다.

공황이란 경험을 통해 내가 말하려는 것은 바로 피지컬 관리를 통해 알아차려야 한다는 점이다. 현실에 대한 지각, 사람에 대한 지각 등 살아가고 있는 모습에 대해 깨어서 어떠한 상태인지 아는 것이 중요하다. 신체 아래는 감정과 지각이 있다. 이 삼각관계의 구도 속에서 각 요소들은 매우 밀접한 상관성을 가지고 있다. 스트레스가 많이 쌓여 있을 때 우리의 감정과 신체에 영향을 미치는 것을 생각해보면 쉽다.

알아차림을 통해 건강한 피지컬을 만들고, 또다시 건강한 피지컬을 통해 내적 알아차림의 지점에 들어가야 할 것이다. 그것이 우리가 나쁜 에너지를 차단하고 온전히 내 길을 갈 수 있는 방법이다. 신체를 통한 알아차림은 몸의 모든 감각을 일깨우고 진정한 나 자신과 접촉을 이루도록 돕는다.

1. 내가 해야 할 피지컬 관리는 무엇인가?

_____

_____

2. 피지컬 관리에 필요한 습관은 무엇인가?

_____

_____

3. 피지컬 관리 TO DO-LIST

_____

_____

창조성을 키우고 발휘하자

"창조는 사소한 것으로부터 위대함을 발견하는 것이다." 창조는 뭔가 대단히 크고 위엄한 존재에서만 갖추어지는 것이 아니다. 또한 특별한 사람만이 천재만이 창조성이 뛰어난 것도 아니다. 그럼에도 우리는 여전히 특별한 누군가만이 이 능력을 갖추었다며 창조하는 것에 대해 두려움을 갖고 자신 없어 한다.

차단에는 창조성을 키우는 게 매우 탁월한 효과를 볼 수 있다. 나는 삶의 위기로 인해 굉장한 스트레스에 시달렸다. 모든 일을 할 수 없을 정도로 생활이 마비가 되었다. 그럼에도 내가 날마다 했던 한 가지가 있다. 그것은 바로 이 위기 상황에서 느꼈던 감정들을 저널로 쓰면서 나를 만나는 일이었다. 시간이 쌓이자 더 이상 그 위기는 스트레스가 아닌 내 안의 숨은 가능성을 발견하는 기회가 되었다. 그리고 행동과 반응이 점점 변화되어 갔다.

새벽마다 글을 쓰고 독서를 한 습관은 내게 들어오는 부정적 신호를 충분히 막아주는 도구가 되었다. 사고하는 과정을 직시할 수 있어 분별 능력이 향상되었다. 그러므로 창조성을 키우기 위해 자신의 창의력이 발산되는 타임라인을 맞추고 그 시간에 가장 창조적인 활동을 하는 것이 중요하다.

창조성 개발 및 향상이 차단에 미치는 효과는 무엇일까? 우리는 창조성을 키우기 위해서 미리 자신을 고요하게 점검해볼 필요가 있다. 침묵 가운데 진정한 발상이 나오기 때문이다.

외부의 부정적인 것들로부터 영향받지 않을 때에도 단, 충분한 수용과 공감이 되어졌을 때, 즉 내 마인드가 열려져 있을 때 창조력이 발휘된다. 예를 들어 상처가 아물어 새살이 나오듯이 우리 안에도 그러한 능력이 있다.

무한한 창의적 가능성

창조가 발현될 때 우리는 진정 나답게 살 수 있다. 창조가 성취될 때 우리는 인간다운 발달을 이룰 수 있다. 그럼 창조란 대체 무엇일까? 앞에서 말했듯이 사소한 것으로부터 위대함을 발견하는 것이기 때문에 우리 일상에서 창의력을 발할 수 있는 것들을 찾으면 된다.

예를 들어, 그림에 흥미가 있는 사람이라면 그림을 그리면서 창의력을 발전시킨다. 글쓸 때 기분이 좋아지고 스트레스가 해소된다면 글을 쓰면 된다. 단 정기적으로 그리고 매우 규칙적으로 이러한 것들을 행해야 한다. 그래야 쓴 물 같은 불필요한 에너지를 차단하고 창조성을 개발할 수 있다.

창조성이 막히지 않기 위해 자신이 예술가 혹은 기업가, 작가 등 마치 누구가 된 것 같이 자신을 암기시켜야 한다. 두려움이 몰려온다면 두려움을 불필요한 쓰레기라고 지정하고 쓰레기통 속에 버려야 한다. 두려움의 쓰레기통은 파리가 꼬이지 않게 잘 버리기만 하면 된다. 두려움은 가능성을 가로막는 장애물일 뿐이다. 있는 즉시 내 마음에서 버려야 한다.

가능성은 기회를 알아차리고 발굴하는 것을 의미하기도 하지만 오히려 '고통을 창조로 역전시키는 것'을 가리킨다. 예술가들이 고통을 통해 엄청난 작품을 창조하듯이 가능성이 그런 역할을 한다. 가능성의 힘을 가진 자는 어떠한 시련이 와도 그것을 발판 삼아 성공적인 신화를 만들 수 있다.

목표를 가지고 창조성을 개발하자

르네상스기 프랑스의 철학자 몽테뉴는 "바람은 목적지가 없는 배를 밀어주지 않는다"라고 말했다. 그의 말처럼 우선 목표를 가지고 철저한 계획을 세워야 한다.

한편 창조성 개발은 자아실현과도 긴밀한 관계를 지니고 있다. 그것은 칭찬과 격려를 통한 자기 강화 능력을 심어주는 것이다. 《자존감 교육》에 따르면, 자존감이 높은 아이는 자신의 소중한 가치를 알기 때문에 결국 자신이 원하는 삶을 살아갈 수 있는 힘을 갖게 된다고 말하고 있다. 창조성을 개발하는 것은 결과 중심이 아닌 과정 중심이 되어야 한다.

그럼, 어떻게 실천할 수 있을까? 목표를 달성하겠다는 의지를 갖고 나만의 타임테이블을 정하는 것이다. 꾸준히 타임테이블을 작성하는 것은 나의 내적 동기를 성취하는 데 도움이 된다. 타임테이블을 작성할 때의 기준은 목표가 아닌 성취다. 매번 목표를 정해서 달리다 보면 만약 목표를 달성하지 못했을 때 그에 대한 실망과 푸념이 나오기 때문이다. 그래서 너무 목표에 집중하기보다는 성취하려는 것을 하루의 목표로 삼도록 한다.

창의적 성취를 위해서 강한 내적 동기를 일으켜야 한다. 이를 통해 우리는 성취 지향적인 사람이 되어야 한다. 외적 성취를 따라가기보다는 내적 성취의 감사와 만족을 추구해야 한다. 이와 같은 행위들이 생각의 반경을 넓혀줄 것이다.

나만의 새로운 언어를 창조할 것

언어의 중요성은 설명하지 않아도 모두 다 알고 있을 것이다. 언어는 각 사람의 인생을 표현하는 도구이자 어떻게 살아왔는가를 알려주는 살아 있는 문서다. 그렇다면 언어와 창조성은 어떤 상관성이 있고 이는 차단에 어떠한 영향력을 미칠까?

일단 새로운 언어를 사용하게 되면 새로운 발견을 하게 된다. 이를 반복하다 보면 나만의 통찰이 생기기 마련이다. 우리는 그 통찰을 통해 생각의 세계를 확장해나가고 더 나아가 의식의 샘물을 더 깊게 팔 수 있다.

부정적 소음으로부터 힘이 들 때는 평소 사용하지 않던 언어들을 사용해보자. 긍정적인 단어라면 더욱 더 좋다. 그게 힘들다면 자신의 롤모델이나 멘토들의 언어를 따라 해보는 것은 어떨까. 성공한 사람의 언어들을 의식적으로 따라 사용해보자. 결과는 그 사용한 언어에 따른 닮은 삶을 살아가게 될 가능성이 매우 높다. 어떠한 언어를 사용하느냐는 앞으로 내가 어떻게 살아가겠다고 미리 보여주는 드라마 각본과 같기 때문이다.

어떤 단어를 사용하고 어떻게 말을 하는지에 따라 그 사람의 직업이나 성격을 짐작할 수 있듯이, 언어 선택은 지금 그리고 앞으로 나의 삶을 거울에 비춘 모습과도 같다. 부모의 언어 습관이 아이에게 영향을 주듯이 말이다.

이제 새로운 언어를 통해 나의 생각과 마음에 창조의 불을 지펴보자.

1. 나만의 창조성이 발휘되는 시간과 공간을 정해보자.

_____

_____

2. 나의 창조성이 발현되기 위해 필요한 것은 무엇인가.

_____

_____

3. 하루에 한 번씩 쓰는 '나만의 창조성 일기'를 기록할 준비가 되었는가?

_____

_____

4. 창조성을 기르기 위한 브레인스토밍을 만들어보자.
(예: 특정한 주제를 가지고 아이디어를 연결해본다.)

_____

_____

고요함 가운데 머물자

혜민 스님의 《고요할수록 밝아지는 것들》이란 책의 제목처럼, 잠잠한 가운데 거할수록 비로소 보이는 것들이 있다. 《속도에서 깊이로》를 쓴 윌리엄 파워스는 이렇게 말한다. "나는 내 마음이 내 자신에게만 몰두하게 하고 외부의 것이 이를 방해하지 못하게 해왔네. 그러면 바깥은 아수라장이라 하여도 내면은 고요할 수 있다네"라고 말이다.

잠잠한 가운데 거할수록 비로소 분명해지고 뚜렷해지는 것들이 있다. 고요함은 마음의 평정심이 유지되는 것을 가리킨다. 고요함은 거친 파도나 풍랑에도 마음이 잔잔한 것을 말한다. 고요한 상태에 이르게 되면 우리는 차단할 수 있다.

고요하면 진정 우리가 집중할 수 있는 것만을 볼 수 있게 되기 때문이다. 무언가에 몰두함으로써 우리의 혼란했던 상태는 내면의 질서가 잡히면서 진정한 아우라에 둘러싸이게 된다. 고요하다는 것은 잠시 멈추는 것을 의미하기도 한다. 즉 모든 생각의 집중을 홀드 온(hold-on) 한다. 여기서 홀드 온은 잠시 멈추어 고통을 기다리고 인내하는 것을 뜻한다.

조용히 눈을 감고 잠시 아무도 모르는 나만의 공간을 만들어보자. 그 공간에는 나 홀로 또는 누군가와 함께 살짝 적막 가운데 조용함이 흐르는 소리가 들린다. 그것이 물소리여도 좋고 나무소리여도 좋고 지저귀는 새소리여도 좋고 아무도 없는 밤바다의 소리여도 좋다. 상황에 따라서는 아무 소리가 없어도 좋다. 무엇이든 내가 가장 좋은 음량과 볼륨에 따라 마음의 자세를 낮추거나 높여보는 것이다.

생각의 습관이 곧 마음의 습관, 운명을 결정한다

또 하나 고요하면 변화되는 것이 있다. 고요해지면 따뜻해진다. 마치 불로 어두운 곳을 밝히면 환해지고 주위가 따뜻해지는 것처럼 말이다. 모든 것이 제자리로 돌아가 제 모습의 형상을 갖게 된다. 이로서 초집중의 상태에 도달하게 된다. 지금 당신의 마음은 어떠한가?

고요함을 갖추게 되면 균형적으로 삶을 지탱할 수 있는 힘을 가질 수 있게 된다. 오히려 고요함은 생각 바이러스를 차단해주기 때문이다. 복잡하고 혼란한 가운데 바이러스는 더욱 퍼지게 되어 있으며 특히 생각으로부터 시작된 부정적 상상의 바이러스는 우리 삶에 아주 치명적이다.

나쁜 생각 바이러스가 찾아왔을 때 '이건 내게 도움이 안 돼'라고 외치며 동시에 고요함의 버튼을 누르는 것을 권한다. 나의 몸에 꺼짐(turn off) 버튼을 장착시킴으로써 이를 습관화한다. 이를 통해 비로소 내가 진정 집중해야 할 생각을 하게 된다. 그리고 그 생각 속에서 나 자신을 발견하게 한다. 그 생각 속에 있는 내가 진정한 나다.

나쁜 바이러스의 생각을 차단했다면 어떠한 생각을 해야 하는가? 바로 당연하게도 건전한 생각을 해야 한다. 생각은 감정의 지각계와 연결되어 있기 때문에 더욱이 건전한 생각을 관리하는 습관이 필요하다. 이는 곧 마음의 습관을 관리하는 것과도 일맥상통한다. 생각이 곧 마음의 지도를 만든다. 그리고 마음의 습관은 우리 삶의 운명을 결정하게 만든다. 건전한 마음은 인생에 대한 건강한 믿음을 갖게 한다.

고요함으로 마음의 공간을 확보할 것

공간은 비워져 있을 때 비로소 채울 수 있다. 마음의 공간도 그러하다. 마음의 공간이 여유로우면 생각할 수 있는 힘을 가질 수 있다. 그리고 그 생각의 힘은 변별력을 갖추게 한다. 생각할 수 있는 힘이 있으니 사물과 상황을 보는 객관적인 눈을 갖게 되는

것이다. 이러한 능력을 갖게 되기까지는 바로 다음과 같은 과정
이 필요하다.

한 예로 골프 선수들은 훈련할 때 메이저 대회리그처럼 코스
를 만들어놓고 그 안에서 변별력을 강화하는 연습을 한다고 한
다. 그 밖에도 많은 스포츠 선수들이 마치 실전대회와 같은 환경
을 만들어놓고 마치 ~인 것처럼(as if) 연습을 한다. 이러한 행위들
은 긴장감에 대한 훈련이기도 하다. 여기서 긴장감은 아무 잡음
이 없는 고요함을 뜻한다.

고요함 가운데는 오직 그 골프 선수와 홀만이 있을 뿐이다. 수
영 선수에게는 물만이 고요함을 느끼게 하는 도구다. 축구 선수
에게는 축구공만이 고요함을 불러일으키는 역할을 한다. 이렇게
긴장감이 팽배해지고 그것을 느낄 때 우리 몸속에는 환경을 거부
하기보다 환경에 적응하기 위한 프로그램이 형성된다.

그렇기 때문에 고요한 환경과 마음은 집중력을 향상시켜 과
녁에 집중할 수 있도록 도와준다. 과녁에 집중하기 위해서는 오
직 그 과녁 점만을 생각해야 한다. 다른 것은 생각할 필요도 이유
도 없다. 변명도 없어야 한다. 1초, 2초, 3초… 단 5초 동안 당신이
어떤 생각을 하느냐에 따라 승패가 결정난다.

마치 게임처럼 고요함 속에서 마음의 공간을 확보하면 내 내면의 이미지를 더 체계화할 수 있다. 게임에서 승리하는 것은 내면 안에 승리의 이미지만을 그려 넣었기 때문이다.

고요할 때 진정한 조화를 이룰 수 있다

고요할 때 진정한 조화를 이룰 수 있다. 여기서 조화라는 것은 마음의 균형, 생각의 균형을 뜻한다. 심리학자 융은 "밤이 있으면 낮이 있기 마련이고 1년 중 밤의 길이는 낮의 길이와 같다. 어느 정도 어두움이 있어야 행복한 삶도 존재한다"라고 말하며 균형의 중요성을 강조했다. 그의 말처럼 밤의 길이와 낮의 길이는 같고 서로는 어둠과 빛이라는 균형을 이룸으로써 사람들에게 희망의 불빛과 어둠이 되어준다.

앞서 언급한 혜민 스님의 고요할수록 보인다는 개념과 같이 우리 마음 안이 잠잠할수록 어디에 무게 중심을 두어 균형을 잡아나가야 하는지 알 수 있게 된다.

부부싸움, 자식과의 갈등, 직장 상사와의 불화 등 여러 가지 이유로 마음이 혼란스럽고 흔들리는가? 그렇다면 잠시 고요함 속에서 울려 퍼지는 목소리를 들어보자. 그리고 지금 당장 어디에 균형이 흐트러졌는지 점검해보자.

우리의 마음은 마치 뜨개질처럼 많은 실이 서로 연결된 모양이어서 어떻게 하느냐에 따라 실이 풀리기도 하고 뜨개질 모양이 바뀌기도 한다. 뜨개질을 잘하려면 양옆의 균형을 잘 맞춰야 한다.

따라서 균형이란 우리 삶에서 생명을 연장할 수 있는 호흡기와 같다. 행복은 균형이란 호흡기를 통해 비로소 누릴 수 있다.

1. 나는 고요해 지기 위해 _____을 생각한다.

2. 나의 고요함 뒤에는 _____이 있다고 믿는다.

3. 나는 고요함의 평안을 얻지 못할까 봐 _____이 두렵다.

4. 그 두려움을 극복하기 위해 나는 _____을 할 것이다.

5. 평안의 버튼을 누르기 위해 나는 _____의 비법을 사용할 것이다.

5장

인생에서 최고의 승리자가 되는 법

지금-여기에서 생각하기

《지금 이 순간을 살아라》의 작가 에크하르트 톨레는 책 제목처럼 과거나 미래에 빠져들지 말고 "지금 이 순간을 살라"고 전한다. 또한 "가능하면 자주 머릿속에서 들리는 목소리에 귀를 기울이기 시작하십시오"라고 말한다. 이는 우리에게 지금 이 순간이 중요하다는 것을 말해주고 있다.

다음 소개할 차단의 방법은 '지금 그리고 여기'에서 생각하기다. 이것은 다른 말로 잠시 멈추기라고도 할 수 있다. 그러나 차단을 위해서는 잠시 멈추는 것 이상으로 자신의 생각과 영혼을 통제할 수 있어야 한다. 나쁜 에너지로 빨려 들어가지 않기 위해서 'here and now'에서 상황을 바로 보고 나를 통제할 수 있어야 한다는 것이다. 나의 자아(에고 ego)를 유심히 살펴보는 작업이다. 그리고 그 안에서 나의 진정한 욕구를 살피는 것이다.

방법은 지금-여기 현재 시점으로부터 내 존재(being)의 포인트를 지점으로 출발하는 것이다. 과거를 돌아보지 않고 미래를 앞당겨 생각하지 않으며 오로지 '지금' 여기서 생각하는 것이다. 그저 여기에 머무는 순간 우리는 지금 순간의 현재 시점에만 집중하게 되며 나를 그 안으로 잠시 넣어두는 것이다.

지금-여기에서는 현재와 과거의 관계를 모두 반영한다고 한다. 지금-여기에서를 통해 스스로에게 닥친 문제를 직면하게 되고 그것을 통해 자신의 감정을 알아차리게 된다고 한다. 즉 지금 이 순간의 내 감정, 내 의식과 무의식을 만나는 것은 자기 자신을 돌보는 일이다.

나는 나를 어떻게 해석할 것인가

지금-여기에서는 해석이 중요하다. 과거도 미래도 아닌 오직 지금에 대한 해석이다. 해석은 최대한 정도(道)를 넘지 않아야 하지만 지금의 현 상황을 해석할 때에는 어느 정도 내적동기가 일어나야 한다.

그래서 상담에서도 과도한 해석은 내담자의 내적동기를 최소화한다고 말한다. 진정한 치료자는 내담자가 스스로 문제를 생각하고 상황을 파악해 해결점을 탐색할 수 있도록 협력 파트너가 되어주는 것이다. 그렇다면 지금-여기는 좋지 않은 신호로부터 우리를 차단해 우리에게 어떤 유익을 줄까?

우선 이 방법을 사용할 때에는 의식적으로 우리의 상태를 이끌어야 한다. 또한 의식을 청소해야 한다. 빙산 위에 떠오른 의식 안에 있는 생각들을 표현해주는 작업이 필요하다. 지금-여기에 집중할 때 의식이 우리로 하여금 창조적인 세계와 마음의 문을 열게 도와주고 결국 해결책을 찾는 데 영향을 주게 될 것이다.

《아티스트웨이》책에 따르면, 창조성 회복은 무엇보다 마음을 여는 연습이라고 말한다. 마음의 문을 여는 데는 세 가지 길이 있는데 하나는 나 자신을 위해 여는 문, 타인을 위해 여는 문, 타인을 통해 나의 문을 여는 문이 있다. 궁극적으로 이 세 가지 문을 통해 진정한 성장과 창조의 만남을 이룰 수 있다.

차단에는 과거와 미래보다 현재를 잘 응시했을 때 보이고 잡히는 것들이 있다. 응시해야 할 곳은 아래도 위도 아니다. 오직 정면이다. 정면 응시, 정면 돌파를 했을 때 진정 우리가 맞춰야 할 과녁을 적절히 맞출 수가 있다. 그리고 우리의 마음과 정신 상태가 청결해지는 온몸의 에너지를 느낄 수가 있을 것이다.

소음을 통과하자

소음이란 시끄러워서 불쾌함을 느끼게 만드는 소리다. 현대사회에서 소음은 골칫거리로 현대인들에게 악영향을 주기도 한다. 층간소음으로 이웃끼리 불화가 발생하기까지 한다. 삶에 있어서도 소음은 중대한 영향을 미친다. 삶에서 일어나는 작은 소음을 날마다 통과하면 우리는 작은 승리를 맛보게 된다.

잭 웰치는 《잭 웰치 승자의 조건》(청림출판)에서 "현실에서 통하는 전략은 정반대다. 이른바 작은 승리 기법"이라며 소소한 승리의 맛을 강조했다.

소음을 통과하면 우리는 초집중의 상태에 도달하게 된다. 왜 그런가? 바로 소음 뒤에는 목적이 있기 때문이다. 토마르 칼라일은 "목적이 없는 사람은 키 없는 배와 같다"고 말했다. 우리 모두에게는 키를 가지고 있는 목적이 있는 삶의 사명이 주어져 있다.

지금-여기의 단계에서 소음이 통과할 수 있도록 해야 한다. 소음이 통과한다는 것은 우리 사고의 힘을 말한다. 단단한 사고로 소음을 승부하는 것이다. 중요한 시험을 앞두고 놀고 싶고 공부로부터 탈출하고 싶다는 욕구와 충동의 소음으로부터 사고를 단단하게 만들어야 한다. 자녀와의 갈등에서 부모로서 역할을 끝까지 충실히 하는 것 역시 포기하고 싶은 충동으로부터 나 자신의 사고를 단단하게 만드는 것이다.

승부는 내가 이 소음을 통과해 바로 서느냐 아니면 오히려 소음에 묻혀서 나 자신을 쓰러뜨리느냐 두 가지로 결정난다. 나를 강하게 하고 싶은가? 그러면 지금 이 순간 당신을 무너뜨리려는 소음과 당당히 맞서야 한다.

심플하게 살자

지금 여기에 있는 당신에게 심플하게 살라고 권하고 싶다. 심플하게 산다는 것은 무엇일까? 결론적으로 뭐든지 단순하게 생각하고, 행동하는 것을 말한다. 단순하게 생각하고 행동할 수 있는 힘보다 강한 것은 없다. 오히려 거기에는 엄청난 내공이 숨겨져 있기 때문이다. 내공은 나의 단단한 힘을 대변한다. 내가 어떤 사람인지 내가 앞으로 어떻게 살아갈 사람인지는 바로 내공을 통해서 보여줄 수 있다. 내공이 쌓이면 불필요한 것들을 자연스럽게 가지치기할 줄 안다. 아니 불필요한 것들이 달라붙지 않는 삶의 시스템이 자연스럽게 찾아온다.

또한 심플하게 사는 것은 생각을 더 하지 않는 것이다. 오로지 집중해야 할 생각에만 집중하는 것이다. 이것이 바로 심플한 삶이다. 해야 할 행동만을 하는 것 역시 선과 경계를 넘지 않고 정도를 지키며 사는 삶이라고 할 수 있어 심플하다.

삶의 풍요도와 성숙도도 얼마나 그 사람의 삶이 심플하느냐에 따라 나타난다고 생각한다. 코코샤넬이 우아함은 심플함에서 나온다고 했듯이, 인생의 우아함 즉 성숙함 또한 단순하지만 탄탄한 생각의 힘으로부터 비롯된다고 할 수 있다.

1. 내 마음속의 소음 언어를 찾아 작성해보자.

_____

_____

2. 소음을 통해 느낀 점은 무엇인가?

_____

_____

3. 소음을 넘어 내가 진짜 하고자 하는 일들은 무엇인가?

_____

_____

나 자신을 보호하자

진정으로 악을 이기고 싶다면 악을 선으로 대해야 한다. 그럴 때에 진정한 변화와 기적이 일어난다. 성경에서도 악을 선으로 대하라고 말하고 있다. 왜 그럴까? 악끼리 부딪쳐봤자 패망의 길로 가기 때문이다. 쉬운 말로 져주는 게 이기는 걸 수도 있다는 말이다. 힘 안 쓰고 이기는 방법이 악을 선으로 대하는 것이다.

그럼 '나 자신을 보호하는 것과 차단의 길은 어떤 상관성이 있나요?'라는 질문을 던져볼 수 있다. 차단하기 위해서 나를 보호하는 것은 나의 마음을 차단하는 것과 같다. 내 마음을 쉽게 적에게 내어주지 않는 것이다. 내 마음을 쉽게 적에게 보여주도록 허락하지 않는 것이다.

중요한 것은 내 마음을 보호할 때 내 정신과 마음을 선함으로 무장하는 것인데 이것은 긍정적인 우리의 태도와 시각을 가리킨다. 선한 마인드라고 해서 모든 것을 남에게 퍼주고 상대방의 의견에 수락하고 동의하라는 뜻이 절대 아니다. 내 뜻과 입장을 분명히 말하되 만약 상대방이 악으로 나에게 대하고 있다면 똑같은 방법으로 대하지 말라는 것이다. 그래야만 차단의 문이 열린다.

선한 생각을 하는 것, 날마다 선한 방법으로 최선을 다해 삶을 살아가는 것은 악한 생각을 차단하며 몰입의 단계로 갈 수 있는 최고의 지름길이다.

미국의 유명 소설가 아나이스 닌은 "우리는 사물을 있는 그대로가 아닌 우리의 생각대로 바라본다"고 말했다. 우리가 어떤 생각을 하느냐에 따라 세상이 달리 보인다. 그리고 생각대로 세상이 보인다. 따라서 차단의 힘을 발휘하기 위해 생각의 틀을 선한 시각으로 다듬을 필요가 있다.

뿌린대로 열매를 맺는다

이 책의 키워드인 차단은 상황에 대한 절단, 관계에 대한 절교가 아닌 진정한 소통 방법을 연구하는 것이 과제다. 차단은 제대로 된 윤기 나는 소통을 할 수 있는 방법을 제시하는 기술이자 전략이다.

떠나간 애인을 돌아오게 하고 싶은가? 절교한 친구가 다시 말을 걸게 하고 싶은가? 일단은 그 관계에 목매이지 말고 차단해라. 그리고 당신의 선한 의도와 행동과 언행을 품격으로 키워라. 그러면 세상에 나아갔을 때 당신을 떠나갔던 모든 이가 당신에게 돌아와 말을 걸 것이고 다시 당신을 대하는 날이 오게 될 것이다. 그 모습을 구체적으로 상상하고 기대하라. 그 안에서 변화하고자 하는 내적 동기와 실행의 힘이 나오게 된다.

우선 선한 힘을 키워야 한다. 이는 내 마음의 강인함을 키우는 것이다. 강인함은 선함에서 나온다. 악함으로 힘을 행사하는 것은 내가 내 발에 걸려 넘어지는 것이지만, 선함으로부터 나오는 힘은 타인에게 선한 영향력을 발휘할 수 있다.

좋은 것으로 우리의 소원을 성취할 수 있듯이 선한 것으로 우리의 영혼을 만족시킬 수 있다. 심는 대로 거두게 된다는 말이 있는데 어느 밭에 어떠한 씨앗을 심느냐에 따라 열매가 달리 나온다. 분명한 것은 선한 열매로 거듭나기 위해 나를 진정 보호하고 지켜내야만 죽은 열매가 피어나지 못하게 악의 근원을 끊어낼 수 있다.

마음에 뿌리를 내린다는 것은 우리가 세상을 바라보는 관점이 될 수도 있다. 관점이 삶의 모양을 만들어낸다. 지금 당신의 관점은 어디를 향해 있는가? 그리고 어디로부터 출발했는가?

우리의 한계를 알아차리기

철학자 바뤼흐 스피노자는 "최대의 교만이나 최대의 낙담은 스스로에 대한 최대의 무지다"라고 말했다. 또한 "교만은 패망의 선봉이다"라는 말이 있다. 우리는 때론 우리 자신을 너무 모르거나 혹은 너무 잘 안다고 착각한다. 삶은 전쟁터다. 그러므로 한계를 알아차리고 내 상태를 분명히 아는 것이 중요하다.

하버드대 심리학 박사인 류쉬안의 긍정 심리학에서는 "자신의 한계를 알고 그것을 지킬 충분한 용기가 있다면 허황된 욕심을 이루려는 생각에서 벗어날 수 있다"고 말했다. 한계를 안다는 것은 외면적·내면적 갈등으로부터 벗어나 괜한 에너지를 빼는 이기지 못할 싸움을 애초부터 피하는 뜻이기도 하다. 여기서 항복은 지는 게 아니라 상황을 받아들이는 것이다.

내 한계를 알 때 우리의 사고는 차단 시스템으로 들어간다. 그리고 에너지를 쏟아야 할 곳에 집중하게 된다. 한계를 깨닫는 것은 일종의 내려놓는 행위이기 때문이다. 내려놓을 때 진정으로 원하는 것을 얻을 수 있다.

영향력의 범위를 확대하자

나 자신을 보호하고 유지하는 방법은 숨는 것이 아니다. 오히려 나를 드러내는 것이다. 궁극적으로 내 영향력을 펼치는 것이다. 선한 열매는 선한 밭에서 나오고, 악한 열매는 악한 밭에서 나온다. 영향력도 마찬가지다. 어느 밭에서 무엇을 심느냐에 따라 영향력의 모양은 각자 다르다. 우리는 늘 선한 영향력을 선택해야 한다.

오프라 윈프리는 영향력에 대해 이렇게 말했다. "제가 확실히 아는 것은 이겁니다. 성공을 원한다면, 성공, 그 자체를 목표로 삼지 말고 중요한 영향력을 갖추는 쪽에 초점을 맞춰 일을 해나가는 것입니다."

영향력에 초점을 맞추고 꿈을 실행해 나가다 보면 목표는 저절로 따라온다. 그리고 성공이란 목적에 의해 내가 드러나는 것이 아닌 영향력이 목적으로 드러나게 된다. 명예직의 사람들이 명예를 목적으로 삼지 않은 것처럼, 부자가 돈을 목적으로 삼지 않은 것처럼 우리의 시선은 분명히 바라보아야 할 것을 바라보아야 한다.

영향력의 범위를 확장하는 것은 내 한계를 뛰어넘는 도전이다.

1. 당신의 한계는 무엇인가?

_____

_____

2. 그 한계를 극복하기 위해 할 수 있는 세 가지가 있다면 무엇인가?

_____

_____

3. 한계를 극복했다고 생각하니 현재 마음의 상태는 어떠한가?

_____

_____

아프면 아프다고 부르짖기

알버트 아인슈타인은 이렇게 말했다 "하나님은 주사위 놀이를 하지 않으신다." 우리는 결코 신의 장난으로 지어진 피조물이 아니다. 아름다운 계획을 가지고 만들어진 존재들이다.

혹시 지금 고통 속에 있는가? 혹시 지금 힘든가? 우리가 정말 고통 가운데 있을 때에 신은 우리를 외면하지 않으신다. 단 여기서 조건이 있다. 우리가 신에게 힘들다고 목청껏 부르짖는 것이다. 진실함으로 나아가는 태도가 필요하다. 언제나 모든 일은 그 진실함 속에서 고귀한 진주를 발견할 수 있다.

부르짖을 때의 우리를 힘들게 묶어두는 매듭의 끈이 풀리게 될 것이다. 그것은 우리가 차단 할 수 있는 첫 단계지만 이 방법을 뒤에서 이야기하는 이유가 있다. 그것은 바로 부르짖는 것은 신과의 소통하는 밀접한 영역이기 때문이다. 또한 이것은 새로운 영적 세계로 들어가는 길이다.

누구에게나 자신이 믿는 신이 존재한다. 그것은 각자에게 신념 체계가 있고 영혼을 소통하는 한 대상의 세계가 있다는 것을 말한다.

정말 아플 때는 두 가지의 상태가 나온다. '너무 아파'라며 크게 울거나 정말 너무 아파서 소리조차 나오지 않는 내면의 부르짖음이 있다. 때로는 바깥을 향해 아프다고 소리치는 외침보다 내면을 향해 아프다고 부르짖는 외침이 더욱 절실하다. 지금 당신의 모습은 어떠한가?

부르짖는 것은 내 안에 있는 것들을 끄집어내는 작업이다. 내쓰라림, 눈물, 상처,내 모든 밑바닥 고통을 끄집어내 그것을 가지고 기도의 자리로 나아가는 것이다. 내 내면을 잘 살펴다보면 언젠간 우리는 '유레카!(알아냈다)'라고 외치는 날이 오게 된다.

나를 진정으로 이해하는 방법

그렇다면 왜 부르짖어야 할까? 사실상 부르짖는다는 것은 신호를 말해주는 것이다. 우리는 여기서 나쁜 에너지와 신호를 차단하는 것을 말해왔지만, 반대로 신호를 말하고 에너지를 방출하는 게 부르짖는 행동의 이유다.

부르짖을 때에는 상대를 향해 "나 아파"라고 말하는 것이 아님을 기억해야 한다. 오히려 상대에게 이랬다가는 상대가 도망간다. 우리는 우리 각자의 아픔을 온전히 가지고 나아가 신에게 부르짖어야 한다. 내 내면에 있는 슬픔, 고난의 또 다른 나의 모습을 향해 부르짖어야 한다. 그랬을 때에 진정한 아픔의 쓰라림과 기억의 고통이 연기같이 소멸될 것이다. 더불어 온전한 내 모습으로 견고히 서게 될 것이다.

부르짖을 때에는 티끌 하나 숨겨두지 말고 모두 신에게 아뢰야 한다. 우리 생각, 우리 마음의 티끌조차 아시는 게 바로 신의 영역이다. 우리는 그래서 신과 소통해야 한다.

자, 상상을 해보자. 티끌 하나도 신에게 말했다면 현재 당신의 마음은 어떠한가? 편안한가? 안정적인 아우라가 느껴지는가?

신은 우리를 축복하기 위해 은총을 베풀기 위해 존재한다. 우리의 생명을 파멸에서 속량하시고 긍휼로 관을 씌우신다. 관을 쓰기 위해서는 앞에 나아가야 하듯이, 우리는 각자 있는 신의 영역 속으로 들어가야 하고 그의 앞으로 나아가야 한다.

우리 자신을 가장 잘 이해하는 방법은 신이 누구이고 우리를 위해 어떤 계획을 가지고 계시는지 아는 것이다.

그림자의 형체

칼 융은 그림자를 두고 무의식이라고 말하고 있다. 또한《우리 마음속의 어두운 반려자 그림자》에 따르면, 그림자는 우리 마음속에 있는 우리가 모르는 마음을 말한다. 그림자는 무의식의 이미지다. 자아는 자신이 어떤 그림자를 가지고 있는지 모른다. 그것은 자아에게는 보이지 않는 무의식의 그늘에 속하는 인격이기 때문이다.

내 안에 있는 그림자는 무엇일까? 부부 갈등을 겪으며 내 안에는 어두운 회색 그림자가 있었다. 그 그림자 속에는 어린 여자아이가 울고 있었고 많이 외로웠다. 내 무의식 속에는 외로움과 쓸쓸함 혼자 버려진 것 같은 상실감으로 가득 차 있었다.

그러나 그림자에서 끝나는 것이 아닌 그림자로부터 황금을 끄집어내야 한다고 융은 말하고 있다. 그는 황금을 끄집어내는 것이 어렵다고 역시 강조하고 있지만 그럼에도 우리는 그림자 속에 감추어진 황금의 빛줄기를 찾아야 할 것이다.

감정은 감정끼리 연결되어 있다. 그림자를 찾았다면 그와 연결된 감정의 고리를 찾아야 한다. 그리고 나를 힘들게 하는 연결된 감정과 헤어져야 한다. 나를 나답게 하는 감정과는 연결되어야 한다.

감정을 다스리는 방법

우리에게는 자신의 감정을 다스릴 수 있는 선택권이 있다. 그러나 모든 감정을 잘 다스리기는 쉽지 않다. 특히 분노, 우울, 수치심, 죄책감 등과 같이 부정적 감정들을 다스리기란 쉽지 않다.

첫 번째로 분노의 감정을 예로 살펴보자. 내 분노가 어디로부터 왔는지 탐색해야 한다. 이 분노를 마치 내 인격체처럼 여기거나 생각하는 것이 문제가 된다. 또는 이 감정이 마치 본래의 내 감정인 것처럼 여긴다. 어떤 상황에서 자극을 받아 분노가 치밀어 올랐다면 일단 그 분노를 억압하는 게 아닌 어디로부터 왔고 그 분노가 나를 향해 무엇이라고 말하는지 분노에 대한 개인적 질문을 던져본다. 중요한 것은 이 분노를 업악하고 통제하려고 들지 않아야 한다. 오히려 이 감정을 건강한 방법으로 표출하는 것이 좋다.

분노뿐만 아니라 우울한 감정이 든다고 하자. 우울감을 예술로 승화시키는 아티스트들도 많다. 노래를 부르거나 그림을 그리거나 글을 쓰는 것도 하나의 방법이다. 우울한 많은 이가 이러한 작업을 통해 자신의 작품 세계를 만들곤 했다.

세계적인 작가 조앤 롤링 역시 이혼 후 매우 힘들었던 시기에 해리포터라는 작품을 써냈다. 이혼 후 생활고와 이별의 상처로 그녀가 겪었을 우울, 힘든 여러 가지 복합적인 감정들이 그녀로 하여금 세계적인 대작을 만들게 했다.

차단의 힘을 통해 감정을 잘 다스릴 수 있어야 한다. 이를 위해서는 내 감정의 색깔을 잘 분별하고 감정이 자신의 이야기를 할 수 있도록 상황을 설정하고 집중해야 한다.

1. 당신을 그림자 지게 하는 것이 있다면 그것의 정체는 무엇
인가?

_____

_____

2. 그 그림자에게 다른 이름을 지어준다면 어떤 이름인가?

_____

_____

두려움이 아닌 경외감을 가지는 것

모든 현대인은 공통적인 질병을 앓고 살아간다. 그것은 바로 두려움이란 이름이다. 그러나 그 두려움이 미래를 대비하게 만든다. 두려움은 우리를 성장하게 만든다. 두려움은 무언가에 대한 기대 때문에 생겨나는 감정이기 때문이다.

차단하기 위해서는 또 무엇을 해야 할까? 차단하기 위해서는 작은 두려움을 가져볼 수 있다. 두려움의 사전적 의미는 하이데 거가 불안에 대비시키는 하나의 기분 현상을 가리킨다. 또한 두려움은 우리를 본래의 자기로부터 회피하게 한다고 말한다. 어떻게 보면 두려움은 우리가 실현하고 싶은 무언가에 대한 기대, 소망 그리고 이루지 못할 것 같은 실망과 무서움에 대한 양가감정이기도 하다.

하지만 두려움을 잘 이용하면 성공할 수 있다. 성공한 사람 대부분의 공통점은 약간의 두려움을 가지고 있다는 것이다. 그들은 그 약간의 두려움을 극복해낸 것이다. 약간의 열등감이 성공할 수 있는 원동력이 되듯이, 약간의 두려움은 장애물을 뛰어넘는 데 효과적이다. 그러기에 두려움을 잘만 이용하면 오히려 승리할 수 있고 역경을 극복할 수 있게 된다. 역경지수를 높임으로써 멘탈을 확보하고 몰입을 높일 수 있다.

우리는 두려움의 마음을 경외의 에너지로 전환시켜야 한다. 경외란 두려움과 존경이 합쳐진 말이다. 세상 또는 자연 그리고 자기가 믿는 신에 대한 작은 두려움과 존경이야 말로 우리가 외부 적으로 들어오는 생각과 마음의 공격을 자연스럽게 차단하는 방법이다. 우린 그렇게 할 수 있도록 창조되었다.

또한 겸손과 낮아짐은 경외하는 마음의 첫 단추이며, 사람들은 그런 경외하는 자세를 보고 당신을 도와주려는 마음이 들 것이다. 이것은 축복의 첫 관문이다.

불안은 때론 우리를 성장시킨다

작은 두려움은 작은 승리를 맛보게 한다. 여기서 말하는 작은 두려움은 미세하게 움직이는 불안감이다. 이러한 미세한 불안감이 있다면 상황은 괜찮게 굴러가고 있는 것이다. 작은 승리는 오히려 우리가 삶을 더욱 매일매일 살아갈 수 있는 힘을 준다. 이는 마치 날마다 작고 예쁜 디저트를 먹는 것과 같다.

비록 불안과 두려움이 있을지라도, 우리의 삶이 지속되는 이유는 무엇 때문일까? 그것은 바로 진정한 삶을 살아갈 수 있는 능력이 큰 기쁨이 아닌 소소한 기쁨으로부터 발현되기 때문이다. 하지만 작은 두려움의 존재만 믿고 나아가기 이전에, 우리는 그 작은 두려움에 대한 실체를 알아야 한다. 실재로 어떻게 우리 삶에 작동하고 있는지 아는 것이 매우 중요하다.

그러한 작은 두려움들은 방치하지 않고 단련시키는 것이 유익하다. 그렇지 않으면 오히려 두려움으로 인한 왜곡된 인식들이 쌓여 나를 힘들게 할 것이다. 작은 두려움을 인생에 놓인 허들로 보고 지속해서 뛰어넘는 연습에 익숙해져야 한다.

두려움에는 반대로 자세히 보면 자유의 능력이 숨겨져 있다. 두려움에는 뒤로 물러나 도망가게 하는 것이 아닌 오히려 반대의 자세를 취하게 한다. 앞으로 전진해 나가는 용기를 내준다고 할 수 있다.

앞에서 말한 해리포터를 쓴 세계적인 작가 조앤 롤링의 사례를 보자. 조앤 롤링은 이혼한 뒤 먹고 살 수 없는 환경에 처해 있었고 미래에 대한 두려움 때문에 결국 글을 쓰기 시작했다. 미래의 대한 불안이 그녀가 행동할 수 있도록 작동했고 더 나은 삶으로 가는 길을 선택하도록 도와주었다.

두려움 속에 연금술이 숨어져 있다. 두려움을 충분히 느끼고 그 터널을 통과해 비극을 감내하면 진정한 성공을 손에 거머쥘 수 있다.

연민이라는 감정

두려움과 함께 가져야 하는 감정은 바로 연민이다. 연민은 '그럴 수도 있지'라며 합리화시키는 것이 아니라 '그에게도 그럴만한 사정이 있을 거야'라는 아주 객관적인 상황과 감정을 연결시켜 생각하고 느끼는 것이라 할 수 있다.

비폭력 대화의 창시자 마셜 로젠버그는 대화를 나눌 때 바로 이 연민을 아주 중요하게 강조한다. 막무가내의 폭력적인 표현과 언어를 사용하지 않고 연민이라는 감정으로 객관적인 대화를 나누는 것을 의미한다. 또한 자신의 느낌과 욕구를 바로 알아차리고 그것을 부탁으로 이어가는 것을 말한다.

미운 사람에게 떡 하나 더 준다는 속담이 있듯이, 미운 감정에서도 우리는 연민의 밑바닥 감정을 가지며 상대방을 대해야 한다. 감정이라는 모양은 둥글 수도 있고 혹은 뾰족할 수도, 네모날 수도 있어서 잘 다뤄야 한다. 내가 어떠한 감정을 선택하느냐에 따라 그 모양이 결정된다.

연민 또한 그러하다. 상대방을 불쌍하게 보는 것이 아니다. 오히려 내 감정을 인정하고 비우며 상대방의 시선과 같은 높이, 각도로 머물러 마음을 함께 하는 것이다.

결론적으로 연민이라는 감정을 갖게 되면 차단하는 것은 더욱 쉬워진다. 죽도록 미운 사람이 있다고 상상해보자. 그리고 그로부터 '그래, 그만의 방식이 있을 거야', '그에게도 그럴 만한 사정이 있을 거야'라며 연민의 감정을 느껴보자. 어떠한가? 조금 마음이 통하지 않는가.

우리가 느끼는 슬픔, 분노, 연민, 두려움 등 이 감정들을 잘 이용만 해도 내 삶은 달라진다. 삶을 길게 보았을 때 이러한 내면의 감정들을 잘 다스려 자신만의 옷을 잘 입는 것이야말로 곧 안정적인 시스템을 내 안에 구축하는 것이다. 그렇다면 오늘 당신이 택한 감정은 무엇인가. 그리고 그 감정 안에 숨겨진 당신의 욕구를 발견했는가.

열린 마음으로 바라보다

여기서 열린 마음은 사랑을 말한다. 열린 마음은 새로운 의식을 뜻한다. 두려움과 함께 공존해야 하는 것이 있다면 그것은 바로 사랑이다. 사랑이라는 의식은 자기를 희생하기도 하지만 언제나 옳은 일을 행하게 만든다.

적당한 열등감이 사람을 성장하게 하듯이 적당한 두려움은 우리를 성장하게 한다. 그것에 필요한 플러스 알파가 있다면 바로 사랑의 마음이다. 그 마음은 인생에서 마지막 단추를 채울 수 있도록 도와준다.

사랑이라는 의식의 창은 인생을 살면서 항상 지녀야 하는 프레임이다. 그래야 우리는 행복할 수 있고 평안의 길을 거닐 수 있다. "사랑은 두려움을 내어 쫓나니"라는 말이 있다. 이 말처럼 사랑은 우리 삶에 불필요한 두려움을 제거해줄 것이다. 믿어라. 믿고 사랑의 프레임으로 세상을 바라보자.

사랑이란 감정을 통해서 건강한 차단을 할 수 있게 된다. 그러기 위해서는 사랑에 이유를 달아서는 안 된다. 즉 사랑에는 조건이 없다는 것이다.

1. 당신이 갖고 있는 불안과 두려움은 무엇인가?

_____

_____

2. 무엇이 그 두려움을 갖게 하는가?

_____

_____

3. 두려움을 없애기 위해 할 수 있는 노력은 무엇이 있는가?

_____

_____

생각을 다시 디자인하자

이 세상의 모든 물질들과 존재들은 디자인으로 구성되어 있다. 신은 인간을 창조했고 인간은 살아가는 데 필요한 물질들을 창조했다. 이것들에 대한 본질은 모두 디자인적 사고로부터 출발한다. 최고의 디자인은 내가 내 생각을 설계하는 것이다. 생각의 설계는 차단과 몰입으로 가는 데 중요한 맵을 형성한다. 그렇다면 생각을 다시 디자인하는 것은 차단과 무슨 상관이 있을까? 생각을 다시 디자인한다는 것은 새로운 이미지를 활성화한다는 것을 뜻한다. 뉴 이미지(new image)가 뇌 기억 회로 속에 시스템화되면서 우리 몸에서는 새로운 기억 장치를 만든다. 기억 장치에 따라 우리는 반응하게 된다.

생각을 다시 디자인하는 것은 뇌의 스위치를 다시 켜서 시스템을 새로 작동시키는 작업이다. 우리는 타이밍에 알맞게 자신의 뇌의 스위치를 켜야 한다. 생각을 의식적으로 바라보아야 한다. 바라본다는 것은 스스로 일깨워 자각한다는 것이다.

생각을 다시 디자인하는 일은 관념적인 측면에서 생각의 맵핑 즉, 지도를 다시 그리는 일인데 중요한 것은 어느 방향으로 생각의 지도를 그릴 것이냐 라는 것이다.

지도를 그릴 때 가장 중요한 것은 속도가 아닌 방향이지 않은가. 그리고 목적지다. 목적지가 있는 지도는 우리가 가야 할 길이 어딘지 명확하게 알려주며 동시에 그곳까지 가야 할 방법들을 생각나게 해준다. 맵을 따라서 새로운 스토리가 만들어진다.

우리는 이러한 방법들을 적용시켜 생각을 다시 디자인함으로써 차단-몰입의 단계에 또 올라설 수 있다.

건강한 생각의 뿌리를 심을 것

《생각에 관한 생각》의 저자이자 노벨 경제학상을 수상한 대니얼 카너먼은 생각을 생각해야 한다고 강조한다. 생각을 생각하는 것은 무의식의 것들을 의식화해 바라보는 것이다. 또한 유대인의 성전인 탈무드에서는 생각에 관해 가르치고 있다. "세상을 향해 생각하고 생각해서 해답을 찾으라"고 말한다.

생각을 다시 디자인하는 일은 어쩌면 우리의 운명을 변화시키는 선택일 수 있다. 사람은 사는 대로 생각하는 것이 아닌 생각하는 대로 살아야만 하는 존재이기 때문이다. 우리의 선택이 자신의 뇌를 변화시킬 수 있다는 것을 기억해야 한다. 이 책에 따르면, 선택은 여러 단계의 뇌 구조와 기능을 변화시키는 요소라고 한다. 선택을 하는 동안 뇌 속 회로에 변화가 생긴다는 것이다.

이와 같은 선택은 균형 잡힌 삶으로 살아가겠다고 하는 의지와 같다. 균형이란 어느 한쪽으로 치우치지 않고 고른 상태를 뜻한다. 삶의 자세에 대해 모든 사람이 원하는 것은 아마 균형 잡힌 삶일 것이다. 하지만 최근 코로나 바이러스와 같은 감염병의 유행과 각종 환경 재난, 사회 재난으로 우리는 균형 잡힌 삶의 울타리를 치지 못하고 있음을 알 수 있다. 무엇보다 선택은 균형 잡힌 삶으로 가기 위한 몸부림이며 외침이라는 것이다. 삶은 선택이 모아져 그 책임으로 살아지는 것이다.

우리의 전두엽은 하루에 5~16분 정도 묵상이면 부정적인 생각을 제거하고 전두엽 부분을 개선 및 컨트롤할 수 있다. 다시 생각을 디자인하는 것은 삶을 설계도를 완전히 바꾸라는 너무나 지나친 요구는 아니다. 그러나 불필요한 것들에 대한 차단을 위해 우리 뇌의 회로를 바꾸는 것이라고 생각하면 좋다. 지금 우리에게 필요한 건 생각에 대한 새로운 면역 체계를 형성하는 것이기 때문이다.

신은 우리를 신의 형상대로 지으셨기 때문에 우리의 마음과 생각을 다시 빚을 수 있는 힘이 우리 안에 있다. 우리에게 능력이 없는 것이 아니다. 모든 사람에게는 생각과 마음을 새롭고 선하게 만들 수 있는 초능력이 있다.

생각을 다시 리디자인하는 작업은 마치 땅속에 숨겨진 씨앗을 발견해내는 것과 같다. 이는 인생이란 각본을 다시 쓰는 것과 같기 때문이다. 쓴 뿌리는 뽑아내고 다시 새로운 씨앗을 심어 열매가 나도록 하는 프로세스를 갖추어야 할 때다.

다양한 방법을 통해 생각의 프레임을 전환하자

생각에 관한 생각은 진짜 우리가 어느 프레임으로 생각을 하는지 바라보게 한다. 생각 위에 생각을 하는 것이 바로 프레임이다. 우리는 각자의 프레임대로 세상을 바라본다.

종종 우리는 문제가 나도 모르게 발생한다고 믿는다. 그래서 '도대체 왜 나한테는 이런 일이 일어나는 거야'라며 불평을 하기도 한다. 문제가 발생한 다음에 이야기하기는 이미 늦었다. 문제는 우연의 발생으로 직면하는 것이 아닌 우리가 필연적으로 발견해야 하는 것일지도 모른다. 그래야 충격을 최소화할 수 있다. 더불어 요즘과 같이 변화가 빠른 이 시대에는 정답을 찾는 것이 아닌 문제를 찾는 것으로부터 생각이 시작된다.

우리는 흔히 천재들을 보고 생각하는 것이 다르다고 생각한다. 사실 그것이 맞다. 그러나 근본적인 다른 이유를 분석해보면 프레임 자체가 다르다는 것을 발견할 수 있다. 즉 프레임의 또 다른 말은 문제를 바라보는 시각으로 해석될 수 있다.

다빈치가 그린 생각의 연금술에 따르면 이렇게 말하고 있다. "천재는 보통 사람들과는 다르게 생각한다. 그 다르게 라는 것은 다양한 관점으로 바라볼 수 있는 능력이 있다는 것이다." 다시 말해 다양한 관점이란 생각의 프레임을 다각도로 돌리는 것이다. 또한 일관성을 유지하면서 다방면의 유연한 사유의 방점을 찍어야 한다는 점이다. 이는 연결하고 생각하고 통합하고 확장하고 통제하는 최상의 생각이다.

캐롤라인 리프의《뇌의 스위치를 켜라》(순전한나드)에 따르면 "깊이 있는 생각에 집중하는 동안 뇌에서는 BDNF(뇌 유도 신경생장인자)가 분비되고 신경핵의 기저가 활성화되므로 집중도가 높아진다"고 말하고 있다. 대표적인 것이 명상이며, 명상을 통해 내적인 힘을 키우는 것이 관건이다.

1. 인생을 다시 리뉴얼 할 수 있는 체계를 설정하라.

나의 신념은 _____이다.

- 큰 그림
· 사건
· 행동
· 느낌

- 중간 그림
· 사건
· 행동
· 느낌

- 작은 그림
· 사건
· 행동
· 느낌

안식을 취할 것

자동차의 왕이라 불리는 포드의 창립자 헨리포드는 쉼에 대해서 이렇게 말했다. "휴식을 하는 것은 멈추는 것도, 게으름도 아니다. 쉴 줄 모르는 사람은 브레이크 기능이 없는 자동차 같아 위험할 수밖에 없다." 우리는 쉴 줄 알아야 한다. 쉬는 방법도 알아야 균형 잡힌 삶을 살아갈 수 있다.

쉬는 것은 즉 안식과 동일한 말로 쓰인다. 쉼을 통해서 우리의 마음과 몸을 평안하게 할 수 있다. 많은 현대인이 살면서 점점 잃어가고 있는 게 있다면 진정한 삶의 안식일 것이다. 돈이 아무리 많아도 지위와 명예를 얻는다 해도 건강을 잃는다면 진정한 안식을 누릴 수 없다. 신은 우리에게 안식할 수 있는 권리와 자유를 주셨다. 안식을 통해 삶의 철학을 세워 나갈 수 있으며 좀 더 신선하고 새로운 생각을 다질 수 있게 된다.

마지막으로 안식에 대해서 이야기하며 차단의 법칙에 대한 마침표를 찍고 싶었던 이유 역시 바로 나 스스로도 안식에 들어가고 싶었기 때문이다. 안식을 통해 생각을 정리하고 싶었다. 다시 말해 안식을 통해 더 이상 위험한 부정적 신호로부터 나를 노출시키고 싶지 않았다. 쉰다는 것은 나 자신에 초집중하는 것을 말한다.

자신의 영혼에 집중하는 것이다. 한편으로는 쉼을 통해 내 안에 잠재력을 일깨울 수 있다. 그러기에 쉰다는 것은 삶에 있어 그냥 지나칠 수 없는 부분이며 재충전에 영향을 줄 것이다.

우리가 안식을 취하게 되면 우리의 몸 역시 최대한 안정적이고 편안한 상태로 들어가게 된다. 무엇보다 훈련된 안식 상태에 들어가면 감마파가 증가한다고 한다. 위스콘신대학교의 연구에 따르면, 티베트 스님들에게서 이 감마파가 30배가 높게 측정이 되어 발견되었다고 한다.

잠시 쉬어가는 타이밍을 맞추기

중요한 점은 이 안식 상태가 잘 돌아가도록 도와주는 신경 네트워크를 만드는 것이다. 쉬는 것도 습관이 되어야 한다. 적절히 쉬는 타이밍을 가질 때 우리는 신호를 차단할 수 있게 된다.

안식을 취할 때에는 너무나 무의식 상태에 빠져 들어가는 것보다는 무의식의 것들을 의식 상태로 끌어올릴 수 있는 것이 중요하다. 우리 스스로를 너무 고삐가 풀리게 하지 말아야 한다.

이때에는 유연성이라는 것이 필요하다. 즉 안식이 관여하는 최소 범위와 최대한의 범위를 왔다갔다 하는 일이 유연하게 가능해야 한다는 것이다. 이러한 유연한 휴식 속에서 또 다른 창의적 생각들이 나오기도 하는 법임을 잊어서도 안 된다. 이것이 앞서 말한 내 안에 잠자는 무궁무진의 잠재 거인을 깨우는 것을 가리킨다.

삶을 살아가는 동안 우리에게는 이러한 유연성이 필요하다. 아무리 신호를 차단해도 통제할 수 없는 것이 우리의 인생이고 시간이다. 그렇기 때문에 쉴 수 있는 안식의 공간을 삶에서 마련해 두어 유연적인 사고와 행동을 할 수 있는 매개체와 환경을 마련해 주는 것은 긴 마라톤과 같은 인생을 살아가는 데 적절한 지혜 역시 부어주게 될 것이라 생각한다.

선택권은 우리 자신에게 달려 있다.

쉼을 통해 재충전의 시간을 가질지 아니면 계속 뛸지, 이에 대한 안식이란 마음과 생각은 비웠는데 행동은 분주하다는 것을 결코 뜻하지 않는다. 우리의 몸은 신경계와 연결되어 있어 뇌와 몸과 생각이 모두 하나의 혼합일체로 신경네트워크를 만든다. 이로써 진정한 안식에는 몸과 마음 모두 비워내어야 한다. 비워내는 것은 잠시 쉬는 타이밍의 기회를 잡는 것이다.

요즘 현대인들은 경쟁, 물질, 끊임없는 성장의 외부적 환경으로 인해 쉼이 부족하다. 그럼에도 삶의 더 긴 호흡을 위해 잠시 쉴 기회를 찾아야 한다. 신 역시도 우리에게 쉴 수 있는 축복을 허락하셨다.

낯선 경험이 최고의 휴식이다

변화는 경험으로부터 시작된다. 우리는 늘 익숙하고도 습관화된 경험에 길들여 있다. 그러한 경험은 오히려 고정된 생각의 패턴과 기억을 되뇌게 하며 창조성을 가로 막는다.

지금 우리에겐 낯선 경험이 필요할 때다. 또한 예전보다 더 낯선 경험들에 노출되어 있기도 하다. 예상할 수 없고 나와는 조금은 상관없는 경험이 마치 침샘을 자극하듯 나의 영혼의 시야를 넓히는데 사용되어야 한다. 낯선 경험들은 우리의 감각을 예민하게 한다. 경험은 뇌에 적절한 영양을 공급함으로서 감각을 확장하고 생각을 확대한다. 또한 잠자고 있는 뇌를 깨운다.

처음에는 '어, 이게 뭐지?' 하다가 '아, 이런 게 있구나'라며 뇌는 반응한다. 그러면서 새로운 시냅스를 형성하고 새로운 기억과 경험의 네트워크를 형성한다. 이는 곧 이미지를 형성한다. 낯선 경험이 가져다주는 효과다. 더 나아가 기존에 경험해보지 못한 신선한 경험들은 사고를 확장 시킬 뿐만 아니라 앞서 언급한 창조성을 회복하게 도와준다.

휴식은 기존의 것을 탈피하고 새로운 환경과 조건 속에서 마음의 여유를 갖게 해준다. 동시에 긴장을 풀어주어 더 새로운 것을 받아들일 수 있는 학습조건을 몸과 마음에 형성시켜준다.

본연의 내 모습을 되찾자

자신의 고유한 정체성을 유지하며 살아간다는 것은 매우 중요한 일이다. 남이 '당신의 정체성은 이렇습니다'라고 말해주는 사람의 말을 신뢰할 수도 없고, 그렇다고 해서 내가 나를 찾고자 하자니 심적으로 힘이 들고 여러 가지의 이유로 이 복잡한 세상에서 내 정체성을 표현하고 살아간다는 것은 갖가지의 알아차림을 요구한다.

그렇다면 얼마나 많은 사람이 '진짜 자기'를 인식하며 살아가고 있을까? 어떠한 이들은 자기가 아닌 형상을 진짜 자기라 믿으며 살아가기도 한다. 또한 어떤 이들은 진짜 자기를 너무나 맹신하며 살아가기도 한다. 어떠한 유형이든 자신의 목소리를 내며 살아간다는 것은 이 시대에 쉬운 일만은 아니다.

나는 책을 마무리하며 진정한 쉼을 통해 사람들이 자신의 본연의 모습을 되찾았으면 좋겠다는 마음이 들었다. 이 시대에는 자신의 모습을 잃은 채 살아가는 사람들이 더욱 많다. 그래도 밀레니얼 세대들은 조금씩 변화하고 있다. 예전 같았으면 공무원, 대기업에 취직하기가 삶의 일 순위가 되겠지만 요즘 젊은이들은 오히려 자신이 하고 싶은 일을 따라 살고자 하는 성향이 돋보이고 있다. 세상의 기준이 아닌 나의 세상의 기준을 쫓겠다는 것이다.

더 나아가 내가 되고 싶은 삶과 하고 싶은 삶은 다르다. 그러나 공통점이 있다면 되고 싶은 삶과 하고 싶은 삶 모두 노력과 희생이 요구된다는 것이다. 그 노력과 희생은 결과적으로 나를 더욱 빛나게 해줄 것이다. 하고 싶은 삶을 따라 되고 싶은 삶의 기준대로 살게 되다 보면 하고 싶은 사람이 된다. 또한 되고 싶은 삶을 목표로 두고 하고 싶은 삶이 요구하는 기준과 원칙을 따라 살게 되면 되고 싶은 사람이 된다.

인간 모두는 태어날 때부터 재능을 가지고 태어났다. 우리의 목표는 미래로 가는 것이 아닌 미래의 목표를 현재로 끌고 와 미래지향적 현재를 살아가는 것임을 꼭 기억해야 한다. 그것이 나의 본연의 모습을 되찾아 가는 길이자 나의 목소리를 내는 지름길이다.

차단-심리적 거리 두기의 힘은
내 힘을 키우는 시간이다

생각하는 힘은 마치 우주와 같은 깊고 넓은 공간 안에서 우리를 마주하는 일이다. 이러한 생각의 깊이에는 부정적 에너지와 긍정적 에너지가 있다. 피부로는 느껴지지 않지만 영혼으로는 느껴지는 에너지들이 우리 몸과 마음 안에 맴돈다. 우리는 그 맴도는 것을 무의식 속에 저장하기도 하고 의식의 수면 위로 에너지가 자연스레 올라오는 것을 느끼기도 한다.

차단의 힘 또한 위와 같은 원리에서 작동된다. 이 시대에 차단의 힘은 매우 중요하다. 그 이유는 빠르게 변화하고 복잡한 세상의 소리에서 내 영혼과 마음을 잠시 지켜내는 일이 필요하기 때문이다. 잠시 스위치를 끄고 전력과 에너지를 아꼈을 때 더 큰 빛을 발할 수 있다는 것을 기억해야 한다.

차단할 때 비로소 우리는 우리 자신을 볼 수 있는 힘을 지니게 된다. 창조-성장-치유의 단계를 거치며 내 내면 안에서 맴도는 소리를 자각할 수 있다. 잠시 모든 것을 꺼놓은 깊은 고요한 상태 속에서 내가 위치한 그곳을 바라본다.

많은 연구에서는 열린 가능성, 연결된 환경, 기회 등에 대한 질문을 두고, 앞으로 나아가는 것만이 성공의 비결이라는 공통적인 의견을 제시한다. 나도 이 말에 전적으로 동의한다. 하지만 난 성공의 비결의 8할은 바로 차단-심리적 거리 두기의 힘에 있다고 결론을 내렸다. 차단이라는 것은 마치 전쟁에 나가기 전, 전쟁에 승리하기 위해 식량을 준비하고, 군사들을 훈련시키는 나만의 시간을 보내는 것과도 같다. 지금-여기에서 잠시 멈추고 내 에너지를 쌓는 데 집중하는 것이야 말로 우리가 성공할 수 있는 비결을 쌓는 것이 아닐까. 그리고 그 비결은 우선 부정적 에너지와 헤어지는 행위가 아닐까.

차단의 문을 통해 잠시 나만의 시간을 갖는 것이 필요하다. 이제는 내 힘과 에너지를 구축해야 할 때다. 그럴 때 비로소 우리는 진정한 연결-성숙-성장의 문에 들어설 수 있다.

심리적 거리 두기의 힘

초판 1쇄 인쇄 2021년 3월 16일
초판 1쇄 발행 2021년 3월 30일

지은이   유한나
편집인   서진
펴낸곳   이지퍼블리싱

편집   최미혜

마케팅   구본건 김정현
SNS   이민우
영업   이동진
디자인   양은경

주소   경기도 파주시 광인사길 209, 202호
대표번호   031-946-0423
팩스   070-7589-0721
전자우편   edit@izipub.co.kr
출판신고   2018년 4월 23일 제2018-000094호

ISBN   979-11-90905-06-0 (03190)